我的人生，
我的信仰 (一)

"爱我的，我也爱他；
恳切寻求我的，必寻得见。"
箴言8章17节

我的人生，
我的信仰（一）

李载禄牧师自传

我的人生，我的信仰（一）

在未获得乌陵出版社书面许可的情况下，不得对本书的内容进行制本、复印、电子传送等。

本书所引圣经经文取自《现代标点和合本》

作　　者:	李载禄博士
编　　辑:	宾锦善
设　　计:	乌陵出版社设计组
发　　行:	乌陵出版社（发行人: 金真弘）
印　　刷:	艺源印刷厂
出版日期:	1992年 5月初版 （韩国，乌陵出版社，韩国语）
	2020年 3月初版 （韩国，乌陵出版社）

Copyright © 2020 李载禄
ISBN 979-11-263-0591-9 04230
　　　 979-11-263-0590-2(set)

Translation Copyright © 2007 郑求英

问 讯 处: 乌陵出版社
电　　话: 82-2-837-7632 / 82-70-8240-2075
传　　真: 82-2-869-1537
E-mail: urimbook@hotmail.com

"乌陵"是旧约时代的大祭司为了求问神的旨意而使用的决断的胸牌，希伯来原意为"光"（出埃及记28章30节）。"光"代表着将我们引入生命的神的话语，因此"乌陵"也是代表着本为光的神。乌陵出版社为了用真光照亮整个世界，如今正在以祷告和赤诚，奔跑在文书宣教的前沿。

| 荐言 |

灵魂的馨香

据说世界上最香气馥郁的香水，提炼于巴尔干山脉的蔷薇。作为原材料的蔷薇采摘时段十分考究，为一天中气温最低，夜色最浓的凌晨两点。这些精挑细选的蔷薇，经过加工提炼，成为极品香水。

李载禄牧师的自传《我的人生，我的信仰》，让人读来陶醉于其灵魂的馨香之气，比那来自巴尔干的香水更为浓烈。因为他的生命是从幽暗寒冷的人生低谷中，藉着神丰富的慈爱所加工提炼出来的。

像许多年轻人一样，李载禄牧师也曾有过辉煌灿烂的人生梦想。考入高等名校，进而出国深造，成为才华横溢的大人物……，他也曾经为实现自己崇高的梦想而尽力拼搏。

然而，现实与李载禄牧师的梦想完全背道而驰；一步步划向绝望的深渊，越陷越深。百病缠身，体无完肤；人格尊严遭到践踏，被人讥诮、蔑视和厌弃。他刻骨铭心地体悟到世间所谓的"爱"之虚空无益。体尝到了穷苦人的悲哀，失能家长的苦楚。无尽的绝望，使他万念俱灰，多次企图自杀。

但在这般令人窒息的绝境中，他得见了神，永远告别那孤单无助，困苦无望的生命。满有慈爱的神、全能的上帝向他显现，并作他随时的帮助，并与之同在同行。

"把我从绝望的深渊中救拔出来，使我心中充满对天国之盼望的神！这惊人的大爱，这奇异的恩典，我如何去回报？"从此，神成为他生命的全部，一心一意遵行神在圣经中"当行、当戒、当弃、当守"的命令。无论神令他何往，他都在所不辞。他完全为神的爱所征服，以爱神并得神喜悦为至上。

使徒保罗对主浓烈的爱的表白，成为李载禄牧师的表白——"谁能使我们与基督的爱隔绝呢？难道是患难吗？是困苦吗？是逼迫吗？是饥饿吗？是赤身露体吗？是危险吗？是刀剑吗？如经上所记：'我们为你的缘故终日被杀，人看我们如将宰的羊。'然而，靠着爱我们的主,在这一切的事上已经得胜有余了。因为我深信无论是死,是生,是天使,是掌权的,是有能的,是现在的事,是将来的事,是高处的,是低处的,是别的受造之物,都不能叫我们与神的爱隔绝;这爱是在我们的主基督耶稣里的。"(罗马书8章35-39节)

诚如经上所记"爱我的,我也爱他;恳切寻求我的,必寻得见"(箴言8章17节),他对神一切的言语始终只有"一是"和"阿们",专心至诚地遵行神的旨意,神就赐他至大的权能,超乎世界万民之上。万民中央教会如其名号一样,怀揣着全球福音化的梦想,为世界万民祈祷,逐一实现神所赐的宏大异象,成为圣灵工作的中心。

李载禄牧师因亲身经历过百病缠身之苦,了解病人的悲哀;因受过百般的蔑视和凌辱,懂得弱者的伤痛;因体验过极度的贫困,体贴穷人的苦衷。这就是圣徒们为了能握一握李载禄牧师的手,为了能得他那温和慈祥的目光对视,纷纷簇拥相迎,凝望相随的理由。

李载禄牧师的人生经历世所罕见,他得见神前后光景形成极大反差，是人的生命在主里面获得更新变化的极致呈现。他的生平淋漓尽致地显明：顺着神的指引活出的绝对顺从、舍己牺牲、无私奉献，必结出巨大丰盛的果实。

他带给人的震撼如威严的狮吼，给予人的慰藉又如慈母温馨的爱抚。他的人生经历有力证明：蒙神赐福的诀窍，就是模成父神圣洁的形像，造就如水晶般明净的灵魂。

但愿阅读此书的广大读者，能够效法李载禄牧师，活出虔诚的信仰，使自己的生命发出馨香之气，胜似提炼于巴尔干蔷薇的香水。

郑求英牧师

（前首尔女子大学校长）

| 书评 |

火炼与能力

"什么是纯正的信仰?"关于这一疑问,《我的人生,我的信仰》向我们揭示明确的答案。这是一本凡接待耶稣基督,相信耶稣十架宝血的人必读的经典之作。

我与万民中央教会堂会长李载禄牧师本来素不相识。当我读到一个后生递给我的李载禄牧师的著作《我的人生,我的信仰》这本书时,禁不住热泪奔流。凌晨辗转难眠,不由随手拿起这本书,我被里面的故事深深吸引。

李载禄牧师在还未认识耶稣之前贫病交加、众叛亲离的遭遇,令人联想到约伯的苦难,读来潸然泪下。书中的内容深深触动着韩国人内心深层的心结苦恨。在恶病顽疾的煎熬中,他试着喝粪水,两次企图自杀。我虽也受过苦,但远不及他这种苦,读着读着,不由涕泪纵横。

凡经历过五六十年代荒时暴月的韩国人,深知穷人的悲哀和苦楚。然而现今这个时代仍有很多贫病悲苦的人，他们连一块蜂窝煤都烧不起，在寒冷的屋子里，过着吃了上顿没下顿的苦日子。社会上仍有很多患病无钱就医，遭受洪水等天灾而生活在破漏板房里的贫苦群体。我们民族至今仍未从根本上摆脱贫穷和苦难。

然而，李载禄牧师因着归信耶稣基督，彻底解脱一切疾苦患难，活出了全新的生命境界。本书以感人的笔触，描绘着笔者所走过非凡的生命历程。没有华丽的辞藻，精湛的文体，而以朴实的语言，率真的笔调，传递着浓浓真情和深深感动。

他散发的是一股诚实的馨香！对神救赎之道的真实见证，凡事归荣耀与主的忠信之志，牵动着千万读者的心灵。

好久没有遇到有品位的良书，而这本书带给我巨大的心灵碰撞。归信耶稣，认罪悔改，顺从神的呼召，进神学院读书，锲而不舍地追求真道，为走主仆的道路做预备，节约使用一块煤砖……他所活出的生命，成为我的标杆，成为孤苦落寞，贫困病残，在人生低谷中彷徨之人的希望。读完此书，我不得不对自己的信仰进行大刀阔斧的修正。

我相信李载禄牧师所活出的信仰，必将成为万众信徒的教科书。在教会里听道时，我们总以为自己的心灵得到了净化，然而迈出教会的门槛，回到社会里，我们又向世俗妥协，沾染罪污，得罪神。我们不是一直活在这种信仰状态当中吗？

我们一直困惑："如何活出纯正的信仰？"而《我的人生，我的信仰》这本书给我们揭晓明确的答案。这是一本凡接待耶稣基督，相信耶稣十架宝血的人必读的生命信息。

李载禄牧师在书中劝导我们要呼求祷告。为自洁成圣，成为合神使用的器皿祷告；为领受属天的能力祷告；为领受各样圣灵的恩赐而祷告；为教会，为主任牧师和主的仆人祷告；为神的国和神的义祷告；带着属灵的爱心祷告等，通过亲身体验所悟出的真道，深深感化着我们的心灵。

教会开创之初，李载禄牧师藉着所赐的恩赐异能，医治各样绝症，叫死者复活，行许多神迹，从而遭到一群嫉妒他的人合谋排挤和陷害。在圣洁教团接受正规神学教育并被按立为牧师的他，为何被教团除名？其背后的黑幕在书中详细描述。

认树木，要看果子。现今的万民中央教会圣徒规模巨大，圣灵运行如火，绝症患者得到医治；在美国、俄罗斯，在非洲、中东、欧洲、南美等世界各地举行大型联合盛会，随处彰显神迹奇事，被世人所瞩目。韩国正在成为世界宣教的中心。

万民中央教会已发展壮大，而他一如既往地上山祈祷，禁食祷告。在女儿们遭遇煤烟中毒，生命垂危的时刻；在疲劳过度引起流血，浑身的血流尽，濒临死亡的时候，他都是凭信专心仰赖全能的神，胜过一场又一场火一样的试炼。然而他从不指着自己夸口。李载禄牧师活出的信仰是我们应效法的榜样。

耶稣在迦拿婚宴上变水为酒，祂使血漏病、麻风病患者得痊愈，又叫死了四天的拉撒路复活，这不"神秘"吗？李载禄牧师所行的权能，医病的恩赐，为何有人还要加以非议和毁谤呢？

韩国教会百年史，若没有医病的神迹，就不会有如今的辉煌。到处教会十字架林立的国家；同心合意祷告的国家；在祷告院能见到癌症得医治，生命垂危者获生之奇迹的国家；向海外差派宣教士最多的国家——韩国！读完李载禄牧师的这本著作，令我更加真实地感悟到，我们韩国真是一个蒙神赐福的国度。

最近李载禄牧师在台上持续传讲有关天国的信息，不知何时全部讲完。这样的信息，通常讲一两周就结束了。而李载禄牧师，却在源源不断地讲述着天国的奥秘。

他有讲不完的道，如同春蚕吐丝不断。这也许是因他集预言等诸多恩赐于一身的缘故吧。

李载禄牧师的讲道浅显易懂，耐人寻味，正如所罗门王在箴言中所说"金苹果在银网子里"（箴言25章11节）。李载禄牧师是主的代言者；经过火炼领受所赐的大能，行神迹奇事，作神的见证。

韩儒林

（广播作家）

目录

荐言

书评

第一章
以为生了个哑巴

父母善道之教	2
青少年时期	9
结婚，厄运突降	14
失意和绝望中的妻子	21

第二章
神真是活神！

我生命的终结也许在那花儿凋零之时！	30
聚在这里的人莫非都癫狂了？	35
能听清了，我耳朵！	38
离婚，复归的妻子	43

第三章
你们要呼求我

正式步入信仰生活	54
使我降卑的神	61
如何全守神的道？	66
惟一的心愿	72
辨清圣灵声音的操练	77

第四章
蒙召

主啊，我这等人怎能……	84
叫人"所种必有收"的神	90
顺从圣灵频繁禁食	98
合神心意的禁食祷告	103
蒙神恩助，预备教会开拓	109

目录

第五章
教会开拓

装备神道三年	120
手头只有七千元	124
领受开拓教会的旨意	130
从无起步的开拓礼拜	137
"若不看见神迹奇事,你们总是不信。"	141
奉耶稣基督的名吩咐时	149
"洁净了的不是十个人吗?"	157
获解疑难经文和十字架之道	168
主和我同工	176
圣灵的感动中获知将来的事	187
"若不将奥秘指示他的仆人众先知,就一无所行。"	196

第六章
教会的成长与试炼

剥夺发言权,议事槌折断	202
全国各地带领布道盛会	209
惟凭信心扩迁圣殿	213
九老洞迁殿礼拜和不断的诋毁谤讟	218
基于圣经的异端定义	223
经历流血的试炼	226
警诫"限期末日论"	231

第七章
为我们拓展圣工的神

世界宣教之门大开	236
信就是所望之事的实底	241
协助教界联合事工	247
教会奋兴的秘诀	254
海内外圣工活跃开展	259
1995年洛杉矶宣教	272

第一章

以为生了个哑巴

父母善道之教

以为生了个哑巴

"啧啧,这不生了个哑巴么,怎么不会哭?"

我刚生下来不会啼哭,父母感觉不妙,就试着拍一下我的屁股,仍是不见哭只见笑,便以为是哑巴,灰心失望。

后来蒙恩归主后,我思考过自己初生没有啼哭的原因。也许是因我的灵魂预知我将来要成为拯救无数灵魂的主仆,荣耀主名,福满一生之缘故吧。

1943年农历4月20日,我出生于全罗南道务安郡海际面的一个小村庄。父亲李次范,母亲赵甘章。家里三男三女中,我是最小的。父亲对汉学造诣颇深,风流倜傥。日本殖民统治时代,来往于日本，从事商贸，光复后便告别生意，寻觅隐逸蛰居之地。

我三岁那年，举家搬迁到父亲精挑细选的长城郡。长城郡南面粉香里仟氏村，是我们家族落户的地方。这个村子颇为封建，若非仟姓人氏就不能落脚。而父亲却凭着圆融的处世方式，在此置田产、建屋舍，定居了下来。就我幼年时的记忆，父亲过着远离尘嚣的生活，多以家中读书为乐。那时常有客人来访，父亲每每摆上酒菜，与客人把酒吟诗，交流汉学。

望子成为大人物

"载禄，做人要有气节。定要立志成为一个卓越的人。"

焉有父母不希望自己的孩子健康成长，长大后出人头地。回忆幼年时期，在我印象中，父亲为了给儿子栽植正确的价值观而极尽全力；母亲一辈子为家人牺牲自己一切、生性淳朴正直。在我五岁时，父亲就开始教我千字文；经常讲一些英雄豪杰的传奇，让我听得津津有味。尤其《三国演义》里关羽、张飞、赵云为主公刘备冒死奋战；诸葛亮借东风等情节，充满悬念，令我紧张得手心直冒汗，百听不厌。

父亲还经常对我讲起孔子、孟子等圣贤的教诲，以及历代伟人的忠义之节和豪壮之举。至终报效岌岌可危高丽王朝的郑梦周的忠贞气节；不顾自己身家性命，救国救民于危难之中的李舜臣将军的爱国之志，在幼小的心灵里留下深深的感动。舍命取义，忠贞不二，为正义而献身的英雄伟人的事迹，深深感印在我的心里。

在这种熏陶下，孝敬父母、走正道行义路，有恩终生相报等价值观潜移默化地成形在我的心里。

国会议员的梦想

在我读长城郡粉香小学的时候，父亲经常牵着我细嫩的小手，出入竞选游说场。徒步行二三十里路，去观看道议员、国会议员、总统竞选演讲。

父亲希望小儿子长大能成为一名大有作为的政治家。时值自由党执政时期，游说场经常人群拥挤。台上候选人演讲的风采，深深吸引了我。在我的眼里，他们个个都是伟人。"我长大了，一定要成为大人物！"

听着游说演讲，我编织起国会议员的梦想，直至中学，高中一直未变。每逢竞选季节，我独自一人来到游说现场，倾听候选人充满激情的演讲。

在姐姐哥哥们的带领下，入小学之前，我就已掌握了乘法口诀，以及韩文读写，因此，上课对我来说是一件十分无聊的事。一天当中最大的乐趣就是放学后和朋友们尽情玩耍，玩的尽是那些过激游戏，如打仗、角斗、摔跤、踢脚等。

我较比同龄的孩子力气大，极其好胜，打架绝不认输。不论什么比赛，比拼到底，不赢对方决不罢休，秉性固执，自尊性极强。

我天生体质强壮，母亲还是能在拮据的生活情况下，经常熬补药给小儿子吃。当时在乡下吃着补药长大的孩子实为罕见，母亲对她小儿子的疼爱之深可见一斑。母亲有时牵着我的小手出去串门。在街坊可以看见大人们三五成群地下棋或聊天说笑。

"这小子，长得可真聪明伶俐。长大了必作大官。"

"看他的相面，将来定会成为大人物，好好养他。"

每当听到这些话，母亲脸上露出欣慰的神情。

我从小看见母亲头顶着供米，按时到寺庙殷勤献祭祈祷。

至诚为我祈福的母亲

每到夜晚，母亲沐浴洁身，换上洁白礼服，在院子露台摆上一碗清水，虔诚祭拜，恳求恩福。我通常等到母亲礼毕进屋才合眼入睡。有时母亲忙到很晚，我就手指沾沫给窗纸揭个小缝，观看母亲祭拜的样子，看着看着不知不觉中睡着了。

"妈，您那样认真磕头是为什么呀？"

"你大哥参加六二五战争，还能活着回来；你们兄弟几个能这样健康地成长，都是因为我诚心供奉七星君，从而得到保佑的缘故。懂了吗？"

然而，后来我被突如其来的灾病缠身，多年卧病在榻时，母亲倾以至诚的祈求祭拜，却毫无灵验。当听到儿子从神得到医治，彻底康复的消息时，母亲未经别人的劝告，随即就信了这位独一的真神，并且参加教会。

"这么多年为孩子们诚心拜佛献祭，可是佛主、七星君，任何一个神灵都没能治我儿子的病。我的儿子去了一次教会，全身的病就都好了，我当然要去教会。"

母亲立即撇弃偶像，专心侍奉独一的真神，成为一名虔诚的基督徒。

在父母严格的教育下

我是家里的老幺，也是最乖顺的，特别听从父母，这也许是父母格外宠爱我的缘由之一吧。父母对儿女的管教十分严格，涉及到生活的方方面面。包括生活规范，行为准则，做人的道理，甚至走路的姿势，说话的语气，穿衣打扮，饮食起居等无所不包。

如，说话语气要温和，不可大声喧嚷；注意聆听人言，不可插话打断；与长辈交谈，避免仰面对视，造访邻舍进屋前，务要预先作提示，以免造成尴尬；家里再穷困，也不能使乞讨者空手离去等，反复教导孩子们凡事以善为本，建立德行。

在父母善良教育的熏陶之下，还不认识神的时候，我就被人们赞誉为"安分守己，无需法律约束的人"。我想自己得见神之后能够很自然地遵守神的道，对经上一切神言只以"阿们"回应并顺从，或许也是得益于此。

精通汉学的父亲，对面相和手相也颇有研究，有时预言国事或村里红白事,都十分灵验。

"我们载禄是个成大人物的命,不过别的都好,只是生命线中途断开,恐有短命之险,这可怎么办?还好,边上又有一条细微的线连着,只要顺利过30岁,必成为造福万人的人物。"

父亲看着我的手相和面相十分欣喜。说我虽有英年早逝之险,但只要安度30岁,必走遍世界各地,成为众人敬仰的人物。

然而我30岁时,却是疾病缠身,百医无效,在生死边缘垂死挣扎。悬命一线,朝不保夕的绝境,令我万念俱灰,成大人物的梦想在心中已是灰飞烟灭。

父亲念到小儿子有短命之险,对我疼怜有加,在教育培养上倍加倾注心血。母亲也以勤勉与诚实,为家人牺牲自己的一切。

小学时遭遇的事故

我从小体质比较强壮。母亲分外疼爱小儿子,经常喂我各种保健补品,如蜂蜜,各种药材等。从而我的力气大过同龄的孩子。虽然年纪小,但在摔跤比赛上每每得冠,就有了"壮士"的外号。被很多孩子推崇为"帮主"。

因六二五战争的影响,当时孩子们玩得尽是过激游戏,包括打仗、决斗、拼刺刀、踢脚,尤其热衷于类似于摔跤,以锁住对方喉咙决胜负的号称"萨比"的游戏。一旦被对方锁定了喉咙,一般都会因窒息难耐而举手示服。而我快要断气也不甘认输,顽抗到底。曾有一次因此而昏了过去。

记得小学四年级的时候,在与上中学的大龄朋友玩耍时,受了重伤,一根肋骨开裂。由于当时医学欠发达,况且当时农村不具备医疗条件,父母只好用一些偏方补药给我疗伤。

然而每到夏季,伤处就痛起来。肋旁酸痛,呼吸困难,不能跑步。由于别无他方,父亲用两条毒蛇泡烧酒,让我每天早晚饮一杯。饮酒的习惯便由此慢慢养成。

也是小学四年级时发生的事,当时学校有一个外号叫"疯子"的老师。我和朋友们在操场上玩萨比游戏,老师以为我们在打架,就把我们叫到办公室。粗暴地训斥一番后,把我们列成一排,逐一抽打耳光。随后令我们面对面站立,互相抽对方耳光二十下。

我被老师狠狠地打了一个耳光,又被朋友连打二十下,脸肿得很大,一边的耳膜破裂。从此一只耳朵经常出浓水,并出现听力障碍。后来学校开除了那位老师,而我由此经受了许多的苦。

青少年时期

性格内向害羞

1959年光州松汀中学毕业后,我上京读高中,寄宿在位于城东区新堂洞的大姐家。

由于旧病频发,高中三年级时缺课四十多天。在家养病的某一天,有一陌生人到我住处劝我信耶稣。

"这些人多么愚昧,世界上哪里有神,还传什么道呀?我才不信。信耶稣还得到处传道,我可做不来!"

我当时认为这些随处传道的人都是蒙昧无知的。我本为无神论者,再加上由于生性内向害羞,害怕给别人传道,自然就忌讳信神了。

中学时期

高中时期

在我小时候，精通汉学的父亲曾对我说："依你的品性，就连一把盐都不会向人求。"当时农村虽然很穷，但盐还是很容易求来的。父亲是说我的性子，不会求人任何一件东西。

上小学时，学校发学费通知单，我因难以开口向父母讨要，导致每每逾期，经老师一番训斥并叫父母来校，这才勉强把单子交给母亲。母亲拿到单子立马把钱交给我。我明知母亲会如此，但实在开不了这个口。这种内向害羞、不会求人的性格，在牧会生涯中也呈现出来。

因记忆力消退，试图自杀

读高中的时候，因为健康欠佳，经常缺课，耽误学习，所以不得不选择复读，目标是首尔大学工学院。备考期间，为了减少睡眠，每天服用提神药物，久而久之产生耐药性，不断增加药剂量，才能获得提神效果，以至药物成瘾，停止服用则出现全身无力、注意力不集中等戒断反应，无法学习。

每天坚持睡四个小时，在当时地处乙支路入口的国立图书馆（现乐天百货）埋头苦读一年后，我有了能考上首尔大学工学院的自信。

1962年11月，高考临近之际，我震惊地发现自己记忆力消退。在空余时间读报纸时，不知何因，突然连总统李承晚的名字都想不起来了，并且英语单词和数学公式也全都记不起来，头脑一片空白。而这并非暂时的现象,其间刻苦掌握的那些知识全都从记忆中消失,连最基础的部分都没有印象了。

仿佛骤然坠入无底深渊。前程一片茫然,无尽的绝望占满我的心间。

"我虽生性内敛害羞,但还是选择复读再考,而今丧失了记忆力,考上大学已经无望,叫我如何面对至今含辛茹苦供我上学的父母?我还有什么脸面再见他们!"

我心中顿起轻生的念头,走了好几家药店,凑足大量的美国进口优质安眠药。为了专注于备考,我一直独居于大姐家隔壁的一间租房。除了吃饭在大姐家以外,其它时间都是在那间屋子里埋头读书。

"大姐,今晚我到同学家学习,晚饭就不在家吃了,不用等我。"

"知道了。"大姐随口回应一句,并无察觉到任何不妙。回到屋里,我整理好自己的物品,给父母、姐姐和哥哥写了一封遗书。随后扣上房门,铺上被褥,服用大量的安眠药,就躺在被窝里,阖上眼睛,等待死亡的降临,过了一会儿,神志渐渐恍惚……。

人们常说"人命在天",当时在东大门市场作布匹生意的哥哥和姐夫,通常晚上十点打烊,再料理一些事后,大约零点时分才到家。而奇妙的是,这天他们心里莫名出现早归的冲动。

"姐夫,今天我想早点下班回家。"

"真巧!和我想的一样。"

提早关了店铺回到姐夫家的哥哥,突然想见见弟弟。哥哥平时怕影响弟弟学习，没事从来不找我的。

"弟弟呢？"

"去了同学家，说是今晚要到同学家学习。"

但哥哥还是到隔壁屋子找我，发现房门反扣着，顿生不祥的预感，当即破门而入，只见弟弟仿佛一具尸体躺在屋里，身体冰凉。

"赶紧送医院吧，洗胃抢救或许有希望！"

哥哥和姐夫急忙把我送到医院，医生说服药过量，生还希望渺茫。但数日后，我从昏迷中苏醒。但由此事，我失去了记忆力。

过了一年，记忆力仍未恢复，但我决定再次备考。经过一番艰苦努力，于1964年3月，我考上了汉阳大学工学院。

结婚，厄运突降

家产不翼而飞

就读大学时，我接到兵役通知书。办理休学后，1964年10月29日投身于军旅生活。临兵役期满，经亲戚介绍，我认识了现在的妻子，我们彼此通过书信进行交流。

1967年5月，兵役结束退伍归来后，发生了一件意想不到的事。入伍前我应一位亲属的请求，把父母预先给我的第二学期学费，以退伍后连本带息偿还的条件借了出去。不料这位亲属家道败落，丧失偿还能力，导致我血本无归。哥哥和姐夫知情后，给我送来学费。

退伍后，我与一直通信交流的恋人，即现在的妻子相逢。两人纯情相爱，彼此许下婚约。她有一双大而明亮的眼睛，仿佛一汪清澈的湖水。她得知我手头有一笔学费，问我可否借她临时周转，我就答应她，并把钱借给了她。谁知她后来因故未能履约，这笔钱也就不翼而飞。交不起学费，无法续读第二学期。几个月过去了，苦恼之余，我决定回乡一趟。

"妈，我快要结婚了，希望能提前拿到我应分的家产，我打算用来操办婚礼，有美容美发技术的未婚妻开个美容院，收入的一部分用于生活，其余的存到银行里增值。我要靠奖学金完成学业，大学毕业，我还要去美国留学深造，攻读博士学位。"

我向父母讨要家产，并把自己未来的人生规划和理想抱负满有自信和激情地讲给父母听。父母无奈就许了我。我领了一笔巨额家产，展望着辉煌的未来，兴高采烈地赶回京城。

然而祸不单行，我照约期在首尔火车站等她，却不见她的身影，过了一周也没有一点音信。

"弟弟，听说你领了家产，是吗？你可别把那钱放在银行里，那点利息顶什么用。正好我一个好友开了贸易公司，你可以把资金投到那里，保证你得到很高的利息。有担保，投资有保障，你可以放心。"

因为缺少社会经验，我轻信了姐姐的话。想到女友一去杳无音信，我就把除了房租以外的全部资金都交给了姐姐。过了些日子，女友回来了。原来她回家后提起我们的婚事，却遭家人坚决反对，几经劝说无果，便试图以服药自杀的方式，逼得家人答应这桩婚事。事后被送往医院，经抢救脱离危险。她刚刚康复出院，就急忙赶来的。

起初两个月,姐姐照约按时兑现利息,之后就再也没信儿了。

"姐,该交新学期学费了,能把钱还我吗?"

"……。"

到了新年,该交学费了,于是我找姐姐要钱。不料姐姐带着一副尴尬的脸色,对我说:

"小弟,我本以为那借款的人是开贸易公司的,谁知原来是个搞走私的。这个人已被抓起来,正在吃官司。小弟呀,这钱恐怕回不来了。"

我听罢直愣在那里。

"怎么会这么惨啊……我大学还没念完,真是晴天霹雳啊!"

当时姐姐也没有偿还能力,父母给我的一笔巨额财产,也就这样付之东流。

我决定找工作赚钱读夜大,坚持走求学之路。我在某报社谋得一份工作,于1968年1月17日,与相爱已久的恋人举行婚礼。

酒有海量的我

婚礼结束后,1968年3月周日,我们宴请亲朋好友,分享新婚乔迁之喜。我同妻子到东大门市场采购四十瓶威士忌以备宴用,朋友们也带来了很多酒品。

这天,我们上午、下午和晚上,分别招待报社的同事,首尔的好友，以及家乡的朋友。宴会进行到很晚，向来酒有海量的我，从早到宴会结束，朋友们劝酒，来者不拒，一一接应。估计这天我一个人喝的威士忌，足有七瓶之多。

而祸由此起，由于当天喝了过多的烈酒，胃肠出现了麻痹症状。

我深夜送完朋友们，回到房间躺下来，心里庆幸着宴会办得还挺顺利。突然，头晕目眩，天棚、电灯，感觉整个屋子都在旋转起来。

继而呕吐不止，肠子都要吐出来了。

妻子赶忙到药店买药回来给我吃，但没等咽下去，就都吐出来了。水也喝不进去，剧烈的疼痛持续不断。

从那天起，我无法正常进食。因胃肠功能出现障碍，进食不消化，服用中药也不见效果。最初我和妻子以为时间长了慢慢就会好，没太在意。谁知病情每况愈下，以至到了无可挽救的地步。

垂死挣扎

日渐恶化的病情，使我不得不辞去报社的工作。为了治病，我到处寻医问药。医院诊断为胃溃疡，除外别无说法。我的身体日渐消瘦，出现种种并发症。过了三四年，我已浑身是病，从头到脚几乎无处健全，堪称"疾病超市"。

问遍名医，求尽良方，仍无效验。因常随的头痛，长期服用"脑神"。夏季忍受手癣脚气之困扰；冬季承受冻疮之痛苦，耳和

记者时期

脚奇痒难耐。

湿疹遍布全身，每天早晨醒来，患处脓水凝结成痂。头昏脑胀，伴有鼻塞，记忆力减退。

淋巴腺也发生病变，起初能摸到念珠大小的肿块。肿块越发增大，后来变得葡萄粒一般大。淋巴腺炎越加恶化，以至扭动脖子也困难。中医药店不给开治淋巴腺的药，因怕与我正在服用的多种药物产生不良反应。

淋巴腺炎，加上神经衰弱、失眠症、湿疹、贫血、中耳炎，乃至胃肠、大肠、小肠等各种脏器，没有一个完好的。

更名以图辟邪

妻子为了治我的病，用尽了一切方法，试遍了各种中药、偏方、土方。然而过了一年又一年，病情非但无所好转，反而越发加重。向来热衷于迷信的妻子，决定换个方式来治一治。

"听说请巫师跳神很灵。"

"听说请高僧驱邪赶鬼可治百病。"

妻子四处打听何处有能赶鬼的高僧。一天请来了一个相传有名的高僧到家里念咒赶鬼,然而我的病情仍不见半点起色。

一天,妻子杀了一只鸡,放在我头边,大吼一声:"出去吧,恶鬼!",并用一把刀猛刺那只死鸡。我不忍心阻止妻子的这些作法,念到妻子为治丈夫的病而付出的至诚和良苦用心,我感激涕零。

一切努力,都无果而终,我们夫妻苦思之后,决定更名试一试,据说更名会扭转人的命运。当时的中央政府大楼附近有很多有名的改名算卦的门店。我们夫妻清早出发,到"金峰洙起名所"排队,一直等到下午才轮到见那有名的算命先生。

"两位苦命是因名字起得都不好,改名就好了。"

从此我们使用那算命先生给改起的名,但过了许久,还是没有任何果效。生性内敛的我,对自己的妻子也极力隐瞒日趋恶化的病情。家里的负债日渐增多,我只好四处求职,但因听力障碍,屡屡遭拒。由于电话铃声也听不清,找不到适合自己的工作。

病残家长的悲哀

我于是选择个体经营——销售饭桌。背着饭桌上路,却因难为情而喊不出"卖饭桌喽!"好几天也卖不出一个。适应一段时间之后,我渐渐鼓足勇气,做起了这桩生意。

1972年的某一天，我照常上街卖饭桌。突然感觉脚发麻且伴有疼痛，走路十分困难。只能把背上的饭桌寄放在近处，搭上公交车回到家里。我的卧病生涯由此开始。

因患有风湿性关节炎，走路时疼痛加剧，病情不断恶化，后来柱起了拐杖。

比肉身的病痛更难以忍受的，是精神上的痛苦。最令我苦恼的，就是听不清声音。我上小学时因故耳膜破裂，导致一只耳朵失聪。

加上一连五六年陆续服用毒副作用药物，另一只耳朵也出现了听力障碍。在嘈杂喧嚷的环境中，只能仔细观察别人的口形，根本听不清别人的话。

我对外极力隐瞒我耳朵失灵，就连家人也不例外。我害怕听见别人嘲笑我是个残废。因为听不清别人的话，我经常回答得莫名奇妙，或者茫然发愣，每当那时，我的脸因为困窘和羞愧而涨得通红。

失意和绝望中的妻子

金湖洞的山腰上

妻子不仅要忍受生活的穷困,更要天天照顾我。为了生计辛勤操劳,所赚的钱还不够偿还利息。我们住的是廉价的月租房,搬家是常有的事,辗转于阿岘洞、金浦、上道洞、钟路、纛岛等地。走投无路的时候,还要不顾体面地寄宿岳母家或妻姐家。后来我们搬到了金湖洞半山腰上。打开房门能够望见远处的汉江,是临时搭建的简易棚。

现已离世的岳母,当时为女婿流了很多泪。岳母经常领我到中医诊所接受针灸或抓药。因行走困难,朋友们背我下金湖洞陡坡,我就可以同岳母搭乘计程车到医院。看病回家,还要爬上一段陡峭的坡路。岳母看着我心疼，中途领我到酒店买米酒给我喝。

"喝吧，喝杯米酒就有力气了。"

生性大方的妻子，虽生活窘困，但为了治我的病，四处奔走寻求药方，家债不断增多，以至债台高筑。情急之时，借美元、高利贷。别无选择的时候，还到娘家或姐姐、哥哥家借钱，用来偿还逾期未还的利息，剩余的钱给我买药。

久而久之，我得到岳母家人的厌恨。在他们眼里，我是把他们心爱小女儿推向苦海的人，是不能赚钱，一无所能的废人。

由于刚结婚，丈夫就生了一身病，妻子未能享受新婚的幸福甜蜜，却要独自一人负起持家的重担。一手养育两个女儿，为生活不停操劳的妻子，身心俱疲，善美的心灵渐变暴躁。

带着康复的指望，辛勤伺候丈夫五六年，而眼看丈夫的病情仍无半点起色，反而越发严重，妻子的信心开始动摇，以至彻底灰心绝望。天生性急的妻子，稍不顺心就向我发脾气，动辄拿起行李奔回娘家。

每到美元和高利贷偿还之日，妻子忍不住逼债压力，就吵着要和我离婚，气忿忿地离家出走。但走后一般不出几天又回来了。

后来，通过妻姐的资助，妻子在金湖洞市场开了快餐小吃店。由于手艺不错，吸引了很多顾客。她每天大清早到集市采购食材，备好各种饮食后开张营业。白天要接待络绎不绝的顾客，一个人一直忙到零点时刻，才拖着疲惫的身体回到家里。她竭尽全力，要多挣一些钱，只为偿还所欠的债。

然而，回到家里看到卧病在榻的丈夫，一种失落感不由袭上心头；明日的希望已尽灭。她情绪烦躁，经常因微不足道的事大吵大闹。我的两个女儿也遭人歧视厌嫌。自从妻子开餐馆，大女儿美英由我勉强照看，二女儿美京则托养到我哥哥家，由奶奶领养看管。

"这孩子长得怎么这么像她爸！"

也许是因长相酷似她病残的父亲，美京随处遭人厌嫌。我偶尔到哥哥家，看到那生来未能得到父母抚爱的孩子，嘴里咬着抹布，独自玩耍的样子，我心如刀绞，极其难过。但除此以外别无他策，因为我已丧失了抚养能力。

当时我患有神经衰弱，情绪焦躁，敏感易怒，妻子说话触伤自尊，我忍不住向她发脾气，俩人就大吵，妻子扬言要从此与我决裂，拿起行李就奔娘家去。

"你还算个人吗？何必天天吵吵闹闹，干脆离婚得了，对双方都有利。"岳母家人找上门来，对我兴师问罪，大声喧闹，惊动街坊邻居。我因惭愧和委屈脸涨得通红。离家出走的妻子回来这样对我说："我回来不是为了你，而是为我女儿。等你的病好了，我一定和你离婚。我巴不得现在就离，但我不，因为现在离，别人会说我是嫌弃病夫的负心女子。"

属肉体的爱随欲而变

1972年，我感到自己一身的病尽是些难治之症，康复的希望渺茫。再者因长期服用毒副作用很强的药物，上医院打针，服药均不起作用。

起初父母兄弟，还有岳母家人，为了治我的病，在经济上，以及各方面给予很多帮助。然而时光流逝，我的病却了无好转的迹象，反而越发加重，毫无希望可言。亲戚们最终一个一个地远离我，断绝交往。为了治丈夫的病而全力以赴的妻子，也嫌弃我，甚至连我的母亲也放弃了我。

这天，年至古稀的母亲来探望我。见到我躺在屋子里，病恹恹的样子，就忍不住捶地号哭起来。因她见我已是没有希望了。

"啊呜呼，我在乡下供你上学，直到你考上大学，付出了多少心血……快点死吧！你早点死，你死就是对我的尽孝。"

母亲心中的悲痛何等之大，竟对自己曾最疼爱的小儿子哭号着说"死了就是尽孝"！我以为就算所有的人都离弃我，生我养我疼我爱我的母亲是绝不会离弃我的。然而最终母亲也向我掩面。令我痛彻地体悟到，人间无真爱；人的爱是自私的、有限的，不合自己的利益，随时都有可能改变。

母亲尚且不谙儿子心中的哀痛，何况兄弟姐妹呢！哥哥喝了酒来探望我，心疼地哭着说一些安慰的话，然而这些话反而再一次触痛了我内心的伤口。

第二次自杀未遂

惟有求生的欲望支撑着我将残的生命，我像一只断翅的鸟儿，在无法自拔的泥沼中徒劳挣扎。起初妻子奔回娘家，我就到岳母家把她领回来。而当妻子第二次出走时，我没有勇气再到岳母家承受那不堪的蔑视和凌辱。

念到两个成长中的女儿，从心底油然而生要活下去的念望，但想到现实的处境，心又被无尽的绝望所占据，因我已是无能为力的多余人。我已深陷死阴的幽谷，没有出路，毫无亮光，心中惟有一念——"不如早点结束这悲惨的生命"。我便凑足安眠药，准备自杀。

浑身病缠，饱受凌辱，已很痛苦，更哪堪妻子的厌嫌和冷遇！生存的欲望已尽绝，生命的意义已尽失。

我想与其再到岳母家受辱蒙羞，不如死了算了，遂将之前备好的二十粒安眠药一口吞了下去。

就在我服药的那天，妻子在娘家突然心里生发莫名的不安，夜不成眠，心头有家里出事了的强烈预感。她急忙搭乘计程车回到家里，只见丈夫已是不省人事，就送往医院抢救。我的性命便得以保住。

"想结束自己的生命，也由不得自己！今后不再轻生了。"

我经医院抢救而生还，自己两次自杀均以失败告终，感觉有某种无形的力量在掌管人的命运。便下决心以后不再选择自杀。

听说吃猫肉能治风湿性关节炎

当时，病痛有所减轻时，还能拄着拐走路，而一旦恶化，就卧病不起，大小便也不能自理。妻子听说猫肉能治风湿性关节炎，于是走遍城东区各市场、东大门市场、中部市场，把猫买来煮给我吃。猫肉煮不好，就有一股难闻的怪味。吃猫肉那种感觉，简直比死还难受。

母亲和妻子救病心切，不论何物，凡说是利于病的尽都求来。用蜈蚣、益母草、漆树皮，熬药给我喝。还求来狗胆、熊胆、蛇酒等，要用尽一切办法治我的病。

我持续与疾病搏斗、挣扎。听说有一种德国产的口服药，对治疗麻风病有特效，但有极大的毒副作用。为了久治不愈的浑身皮肤病，我惟一的选择是服用此药。但仍是无济于事。一切辛苦、努力和挣扎尽都归为枉然，所换来的却是更加悲惨的结果。

强撑喝粪水十五天

七年之久，为了摆脱病苦，我穷尽了一切办法。四处寻医问药，求遍西医中医、偏方土方，甚至请巫跳神、迷信驱邪，无所不用其极。然而一切尽都徒然，我已困在命运的泥沼中，垂死挣扎，反而越陷越深。

1973年初夏。

"载禄，听说邻里来了一位名医，去看看怎么样？"

"行吧。去看看也没什么不好。"

我顺着金湖洞朋友们相劝，去找那医生看病。医生把完脉，下了一道处方：

"你能活着就是奇迹。脉搏很弱，几乎把不到脉。但有一个妙方可以救你的病。你年轻时一定喜爱运动，经常跌打损伤。这无非是瘀血引起的。"

"哦，原来是这样！那应该怎么治呢？"

"乡下车站有公用茅厕，那茅坑最深处的粪水是经过十多年发酵腐熟的。你要把那水取来，用啤酒杯，一次一杯，一日三次，坚持喝十五天，你身上的淤血保证彻底除净。"

并指教我取粪水的具体方法：将松叶捆在缸口，绑上一块石头，缒到茅厕里，等到粪水渗满，再把缸取出来。我向医生道谢，并表示等到病好了，必大有酬谢。

我和妻子信以为真，喜出望外，迫不及待地下乡去办此事。母亲就照着那处方，将整夜过滤到缸内的粪水盛在药碗里，每天端给我喝。

我强撑喝那粪水十五天，每日三次，一次不落。那恶臭，真叫人难以下咽,但我却依然抱着希望把它喝下去。我利用吸管,尽量不使粪水沾着舌头,直接吸入喉咙里,喝完立刻刷牙,然后嘴里含母亲递给我的一块糖,但那恶臭还是除不净。

然而这一努力也是枉然,病情仍无半点起色。

"妈,我要回京,死也要死在我首尔的家里。"

第二章

神真是活神!

我生命的终结也许在那花儿凋零之时!

领我归主的姐姐

"粪水治病"这最后一线希望终究也破灭,我们夫妻二人抱着怅惘和绝望的心情返回首尔。此时,我已是万念俱灰,惟一的盼望就是早点死。整天躺在屋子里,百无聊赖地打发着日子。

金湖洞半山腰简易租屋里,我整天躺着,看武侠小说或喝米酒来消磨时光。狭小的房间里杂乱地摆放着药碗、酒壶和一些借来的书本。

我的二姐是家里惟一一个信耶稣的。她一只眼失明,是小时候患一场热病导致的。长大后与邻村的青年结婚,生了三男二女。她生性淳厚朴实，后来经人传道，信了耶稣，参加教会。因为信耶稣殷勤虔诚，经常遭到母亲和兄妹们的数落。

"你辛辛苦苦种地，有了收获就往教会里送，星期天又不干活，哪有不穷的理！你这样啥时才能过上好日子？"

面对母亲的唠叨，二姐总是面带笑容，温和地对母亲说："妈，信耶稣不知有多么快乐幸福。您也去教会吧。"

她服侍教会和主的仆人分外殷勤。每逢主日，二姐一大早就起床，打扫屋子，预备饮食，然后到教堂擦拭讲台；有了初熟的果子，或珍贵之物，常暗暗地放到牧师家里，随后悄悄地离开。

她渴慕灵恩，恳切寻求神，殷勤参加布道盛会。她还曾把自己所珍惜的金戒指奉献给神。"主啊，求您赐我纯金般宝贵的信心、恒久不变的信心。"

我从小最喜欢二姐。每到假期，我都会到二姐家去住一段时间，姐姐经常给我传福音。我得病之后，姐姐出于疼怜，更加恳切地劝我去教会。

"小弟，你如果去教会，病就好了。神会医治你。"

"我的姐呀，你说什么胡话，现在已是宇宙飞船登月球的时代，这世界上哪里有神？如果真的有神，你可以让我见见。"

生性固执的我，每每反驳姐姐信神的劝言，甚至还扬言：如果真有神,显给我看,我就信。

我生命的终结也许在那花儿凋零之时!

我好像一部著名小说中的主人公,望着墙边摇曳的残叶,怅惘慨叹:今夜风霜若使那片绿叶凋零,我的生命也将消亡于这个世界。我的生命一天一天消耗在这无尽的绝望中。

1974年4月,和煦的春风吹来,大地披上了一层绿衣,杜鹃盛开,连翘怒放,遍地充满着盎然的生机。而我的生命却在残喘的气息中慢慢地凋零枯败。

"万物复苏的季节来到,而我这如同飘零的落花行将枯败的生命,了无复苏的希望,只等死亡的来临……"

我已是被众人所厌嫌的多余之人。因胃肠功能紊乱,不能进食米饭或肉,但酒还是可以喝的。

酒成为我惟一的伙伴。喝酒,成为支撑我生命的惟一动力。

一天,我听到久违的敲门声。父母兄弟很少登门,这个时候谁会来我家呢?

一听声音,我就认出是我喜欢的二姐来了。
"姐,您怎么来的?快进屋。"
"我来首尔要办点事。"
因为正值农忙季节,我诧异姐姐的来意,但又分外地高兴。

为姐姐带路

"小弟,我有一件事求你帮忙。有一个地方我特别想去,是我盼望已久的。但我不认识路,需要你帮我带路。小弟,行不?"

"什么?姐您这是怎么啦!您难道不知道我行动不便吗?"

"我知道,但我真的很想去,不然我是不会来求你的。"

我以行动不便为由,推辞姐姐的请求。

但最终还是拗不过姐姐再三恳求,无奈地答应了下来。二姐要去的地方是当时以医病神迹而闻名的玄信爱劝事教会。

后来得知,这是姐姐所施的计策。姐姐每天不停地为我祷告,求神拣选我归信福音。她知道如果说去教会能治病,我必一口拒绝,于是求神赐她智慧能够领我来到神前。

信神之前

由于上学的时候被灌输进化论思想,我自称是无神论者,扬言鬼神绝不存在。而内心里却并不否认有神。从多方面考虑,总觉得死后一定还有一个世界真实存在。口头上不认,但其实我内心里还是承认造物主。

"如果真有神,电影里演的那永火的地狱也许真的存在,那么,我在来世的境遇将会如何?"

心里承认有神，自然相信来世，对地狱怀有恐惧感。也许是由于这个缘故，还未信神之前，我一直寻求仁义，努力向善。

我答应给姐姐领路。当时她如果说带我去教会治病，我还是会拒绝的。

1974年4月17日，姐姐一大早就起来准备上路，她说要是晚到，就不能占前排。我拄着拐杖，艰难迈步，从金湖洞山顶走下来，花了很长的时间。我们搭乘往西大门去的巴士，来到玄信爱教会。

聚在这里的人莫非都癫狂了？

在跪下的那个瞬间

虽然双耳鼓膜破损，但细微的声音还是能听到的。教会二楼已满了人，我们只好选择上三楼。出于对患者的考虑，这里的阶梯造得比较平缓，但我跟着姐姐爬上了三楼还是觉得非常吃力。

好像正是同声祷告时间，在场的人都举手大声呼求。我第一次见到这种光景，有些愣神地东张西望，不知如何是好。更令我惊奇的是姐姐的举动：只见她双膝跪地，抖动着双手，口中不停地祷告。

在我眼里，姐姐和与会的人都像是走火入魔了。我感觉脸部发烫，不知所措，巴不得马上跑出那屋子。我往后面瞅，人群还在不停地拥进来。

"真想赶快离开这里，但不能撇下姐姐一个人走了，这可怎么办呀！"

我是头一次见到信徒同声祷告的场景。看着人们阖着双眼，抖动着双手祷告的样子，感觉自己混在这样的人群里羞恼得很。去也不是，留也不是，坐也不是，站也不是，索性照别人的样子跪下来吧。而当我屈膝闭目的瞬间，身上突然冒起汗来，汗水顺着后背淌下来。

我感觉奇怪：时值春季，天不至于热到流汗的程度，再者我已体瘦如柴，哪来的汗呀！

"身上出这么多汗，可能是因为到了这里感觉愧窘的缘故吧。"

但我后来才知道，当我在那里屈膝的瞬间，神赐我圣灵的火洗，用圣灵的火焚灭了我全身的疾病。

远处望见头戴白巾，身穿白衣的玄信爱劝事在讲台上布道。麦克风传出响亮的声音，在我耳中却几乎听不到，只是偶尔能听到一两句。

"我能听清她讲话该多好！"

自从身上冒汗开始，我的心灵产生了变化——想听玄信爱劝事的讲道信息。

"小弟，你也和大家一起接受祷告吧。"

证道结束后，姐姐面带喜庆的表情，劝我上前接受祷告。我顺着姐姐的意思，夹在众人之间，朝着玄信爱劝事坐着的方向走去。麦克风陆续传出说话的声音，有人告诉我那是通过祷告得医治的人们在作见证。我仔细听，还能断断续续地听到一些语音，有人说自己在劝事用手拍击的时候，领受了火，随后得了医治。

"祷告还能治病，但总觉得难以置信。"

我在近处观看玄信爱劝事坐在椅子上，逐一拍击各人头部并后背，随后推开。我也和别人一样，被劝事拍击头部和背部后推开，脚在地板上滑了一阵然后停住。

"这不是把人当作物品吗？这个女人会不会是骗子。"

我想也许是接受祷告人多的缘故吧。但我总觉得这样不妥，心里不悦，因为她并没有仔细地为前来求医治的人祷告，而是统统采取这种拍击然后推开的方式。

脑海里突然浮现我上小学时发生的一件事。当时井邑市有传闻说一个女子大有医治能力。经过一次登报宣传，名声大噪，许多人拥向井邑寻求她的医治。我的侄儿也曾因耳朵出脓水参加过那里的聚会。

约过半个月，那女子骗局败露，被缉拿归案，媒体连篇累牍报道这一事件。我怀疑这女人会不会和那井邑女子一样，是个骗子……在思虑之间，我不知不觉中走到了一楼。"奇怪，走到这里腿怎么一点都不疼，一点都不累？"

能听清了，我耳朵！

老婆，我感觉饿了。

因为是多年的愿望实现的缘故吧，姐姐脸上洋溢着满足的愉悦。我和姐姐一同乘上巴士。突然耳朵里响起"轰隆隆"的声音。"奇怪，哪来这么大的声音？"

那耳朵里雷轰般的声音，在金湖市场站下车的那一瞬间，止息了。

我与二姐道别，随后进了市场，走到妻子开的小吃店。店里的橱柜上摆列着肉类熟食和各种菜品。有几位客人在一起喝酒聊天。客人谈话的声音清晰传到耳中，我惊奇不已，兴奋地拍着桌子喊道：

"我听见声音了，我耳朵能听清了！"

"什么，你能听见了？到底怎么样，快给我说说。"

妻子惊讶地问道。

"我现在能听见他们的讲话，声音很清楚。快！我饿了，很想吃东西，快给我拿米饭和炒肉来。"

"什么，你要吃肉？你不是吃一点肉也不消化，身上还长疙瘩吗？"

"没事。我感觉吃什么都能消化。别担心，快给我拿来。"

我不一会儿的功夫，就把妻子端来的饭和肉都吃光了。我素来饭量极少，从来没吃过这么多饭菜。而且当天饭后消化顺畅，没有任何负面反应。

不容置疑的奇迹！

次日清晨起床，我照常进卫生间，用缠了棉花的火柴棍，要掏净耳朵里的脓水。长期以来，这事我一直瞒着妻子，怕给她增加负担。

而我意外地发现，这次掏了几遍也不见脓水，耳朵里很干净。更奇怪的是，自己刚才一起床就径直来到卫生间。我曾因贫血，每次起床都会头晕目眩，需要坐着缓解一段时间后，才能起身行走。

除此而外，我的关节炎非常严重，手背、胳膊肘、膝盖、脚腕等关节部位有脓液渗出，而此时白色的脓变黑，结了一层薄痂。

"真是让人不可思议！"

我心跳加快，情绪激动，回到房间里，把衣服脱下，仔细打量自己的身体。以前颈部长了淋巴瘤，转头时异常疼痛，睡觉时难以翻身，只好保持一个姿势。而此时我脖子上像葡萄串一样的淋巴瘤一个也摸不着。

我身上原有两处大伤疤，是患病时不慎烫伤所留下的：当时正值冬季，室内炉子上铝锅里常备着烧热的水。和往常一样，早晨为了洗漱，我掀开锅盖，俯身舀锅里的热水。不同以往的是锅里的水只剩一半，加上炉子通风口已打开，水正烧得滚沸，

当我用瓢子舀水的时候，一股滚烫的热汽扑面而来。我反射性地扭头躲开，慌乱之中，瓢里的热水洒在了我的胳膊和胸部，造成烫伤，留下两处大伤疤。由于身上的伤疤，我平常忌讳脱上衣。但现在这些伤疤都不见了，真是个奇迹！我不敢相信自己的眼睛。仔细查看全身，一切完好。

我突然想起昨日聚会结束后，和姐姐一同下楼梯，毫不费力地走到一楼；回家的路上耳朵里响起的那雷轰般的声音；在小吃店里客人聊天的声音清楚地传到耳中。今天贫血的症状也没了；耳朵里也不出脓水了；伸缩双腿，也觉不出一点痛感。

"难道这真是神的医治吗？"

面对自己身上发生的一系列不可思议的奇迹，我稀奇不已。我也没有吃药，也没有动手术，全身疾病居然都好了。医学上束手

无策的十余种病，一下子得到了痊愈。

我这才知道您是永活的真神！

我人再怎么愚顽，也没有理由存疑！我双膝跪地，高举双手，虔诚地向天告白：

"哦~神啊！我这才知道您是永活的真神。我身上这么多的病，您竟然一次除去净尽。求您怜悯我的愚妄，宽恕我一直以来拒绝传道者的福音，抗拒您的恩召。我今天终于明白，主您是活神，您医治了我身上一切的病。"

我反复思量这会不会是偶然和巧合，但没有任何疑惑的余地。心情无比地轻松愉悦。现实的光景，似梦似真难以分清。在外头忙碌的妻子，听见我祷告的声音，觉得奇怪，进屋子要看个究竟。

"老婆，快来看我的身子，这明明是神的医治！"

妻子仔细察看我的身子，见一切如初，确如所言，喜不自胜地拥抱我，随后放声大哭。夫妻二人相互拥抱，哭了许久许久。积淀已久的委屈和伤恨烟消云散，喜乐和感恩的泪肆流不止。

是神医治了我

当我在神的殿里屈膝的瞬间，神用圣灵的火烧灭了我全身的疾病。在玄信爱劝事给我祷告之前，神使我领受圣灵的火洗，病得痊愈。

一个自称无神论者、对神全无所信、未曾求过神来医治的人，怎么会蒙神的医治？我想这是二姐李贞顺劝事的祷告所发之功效。为了领我信主，她一直以来不停地为我向神求告，经常禁食、彻夜祈求。

神成全她的另一个原因，也许是神预知我这人只要经历到神的作为，必会专心爱神，遵从神道；一生一世跟随主，不再迷恋世俗，永不背叛主神。

离婚,复归的妻子

三个月的幸福时光

灰暗的家庭迎来了出人意外幸福,令人联想到带来幸福的"青鸟"的故事。要说我们家庭最突出的变化,那就是每逢主日,一家人到附近的教会敬拜神。想要报答神医治的恩典。

尽管仍有陈债未还,环境无所改变,我心里依然充满了喜乐与幸福。因为脱离了病苦,获得了新生,拥有了对未来勤奋致富、自力营生的希望与梦想。

我和妻子商量未来计划:病痊愈了,再经过几个月的调养,身体会完全恢复,就可以出去做事情了。到了那时,俩人一起奋斗,好好经营现在的小吃店,一边还债,一边扩大经营,最终实现开大饭店的目标。

当时有一个熟人作定制潜水服生意。我应他相劝，跟着他做起了助手。这不仅能使我获得一份收入，而且还有利于恢复体力。起初作较轻的活儿也感觉体力不支，但随着时间的推移，气力逐渐得到恢复。我一边做活儿赚钱，一边为自己描绘未来的蓝图。然而病好快到90天的时候，我遭遇了一场意外的风波。那天是父亲的生辰。

您说孩子他爸的厄运是我给带来的？

1974年7月10日，是父亲的寿辰。一家人团聚在乡下的父母亲家。我提前几天到，妻子因店里事，前夕才赶到。虽不是"衣锦还乡"，但我心里充满了快慰和愉悦。

以前到了乡下，我成天躲在屋里不出门，生怕乡亲们看见我病恹恹的样子，把我说成废人。那时我把自己关在屋里，暗暗地服药养病一段时间后，避开人们的视线，偷着离开村子回京城。然而此时我已恢复了健康，可以体体面面地面对乡亲们，心中无比的欣幸。

"大家知道我一直患有许多难治的病，除了等死，别无选择。但我现在已经彻底好了。是跟二姐到了玄信爱教会得了医治。"

我向家人见证，医治我并且救我脱离死亡的这位永活的真神。虽然不懂圣经的道理，但我把我所经历的神医治的大能讲给父母兄弟听，一同分享喜乐。

当天吃了团圆饭之后,妻子收拾行囊,准备返回首尔。临别之际,我和兄弟们与父亲同席饮酒欢谈。突然外头传来喧闹的声音。听到"哐"的一声巨响,我急忙起身,打开房门,只见妻子提着行囊跑出院子,大声嚷闹要离婚,我姐姐和哥嫂在后头追,要拉住她。事情的原委是这样的。

"媳妇,你跟美英她爸结了婚,他就得了一身病,让你受苦了。但现在好了,只要你们勤奋努力,一定会有好日子过的。"

母亲说这话是要表达对小儿子病得医治,出死入生的感慨。然而妻子却误解婆婆是在说她丈夫的灾病是由她带来的。妻子的脸气得发紫。

"您说我丈夫的病是由我带来的,是吗?好吧!我走。我离开这个家就行了呗?离婚,我要离婚!"

"弟媳,你误解了。妈说的不是那个意思。"

妻子不肯听劝,气愤愤地回首尔去了。妻子的离去,使家里的气氛由热闹喜庆骤然转变为阴沉悲凉。母亲勃然大怒。

"你的病一直不好,不就是因为跟这样的女人结婚的缘故吗?"

"载禄!都忘了吧。晚宴已经预备好了。咱们吃好喝好。"

"什么!'忘了吧'?你们怎能说这样的话!叫我怎么忘?"

哥哥和姐姐们说的安慰之言,反而更令我伤心难过。我怒上心头,跑到厨房,拿起一瓶烧酒,一口喝了下去。

加上我这一闹,父亲受的冲击就更大了。从此父亲双目失明。

其实父亲即使到了七十多岁高龄，还是目力未衰，精神抖擞，经常读汉文书籍、读报纸至夜深，然而从此再也看不见了。这显然是对父母亲的大逆不道，这事成为我终身的悔恨。

妻子伺候患病的丈夫七年，自己一人担起持家的重担，所受的苦难以言说。而婆婆那一句在她听来似乎在咎怨自己的话，使她感到委屈。想起自己以往所受的难言之苦，那掩藏已久的积怨，就爆发出来了。

四个月的悲苦遭遇

次日，我带着大女儿美英回到首尔。家里，店里，都找遍了，仍不见妻子的踪影。第二天，妻子回家了，而她完全变成了另外一个人。"我们分手吧。和我一起回老家办离婚手续，需要你的签字。"

我极尽所能试图挽回妻子的心，然而无济于事。我无奈顺着妻子的要求，回到父母所在的乡下，在离婚协议书上签了字。一个不大的村子，消息很快就传遍了。我感觉惭愧，无地自容。尤其觉得对不起父母。

与妻子分别后，我躲着人们的视线，好像逃跑似的离开村子，返回首尔。但我还是对妻子抱有希望，觉得她不会忍心坚持和我离婚。我回到首尔，等盼妻子归来。不料，几天后妻子带着一帮娘家人出现了。

"你们已经离婚了,应当归还她的嫁妆。市场门店的租金也要退了归给我们。"

在我患病期间,搬了十七次家,没剩什么像样的家当。我看着妻子和她家人把所谓的嫁妆收拾装包,一种强烈的羞辱感在我心头油然而生。等他们把包打完,我同他们一起到金湖洞市场去退小吃门店的租金。

市场里人很多。时年五岁的美英,察觉妈妈要离开她,跑去拽住妈妈的衣襟,央求说:"妈妈,你不要走。我以后会好好听你的话,不要丢下我。丢下我走,你会活不下去的!"

美英没命地哭着喊着,死死地拽着妈妈的衣襟跟在后头走。鞋子掉了,光着双脚,边哭边走。而妻子无情地甩开了女儿稚嫩的小手。我跑去抓住美英的手,不让她再追妈妈。妻子头也不回,搭上计程车就离开了。

"爸,她不是我妈妈。我以后不再叫她妈妈。也不准她到我家里来。"女儿口中冷冰冰的这一句话,反映出她心灵的创伤之深。

那时,我跟着朋友做体力活操练自己。与妻子分别后,我一如往常,每逢主日必去教堂敬拜神。我克制自己从周六晚上开始禁酒禁烟,以免身上有气味,影响身边的教友。

主日在教会参加上午礼拜和晚礼拜,回到家里,这才放心地喝酒吸烟。虽不知怎样祷告,但回到家里,就跪下来开口向神呼求。

"主啊,您知道我现在的遭遇,恢复健康没多久,却又遭到这样的悲运。求您使我的妻子回心转意,重新回到我的身边。我可以让她不再受苦,过幸福的生活,求主使我们重归于好,重建美满的家庭!"

我每天清早起来,吃完早餐,把美英托给大哥家照看,然后去上班。下班回家时天已经很晚,我还要到大哥家把美英领回来。过了一段时间后,我不得已将美英托养于乡下的奶奶。

把美英送到乡下不久,接到奶奶连续发来的噩耗,说美英浑身生疮,药治无效。

又说毒疮已遍及全身,血肉模糊,头上又长满了蛆虫,正在住院治疗,医生说可能活不了多久。孩子在半昏迷中不停地喊妈妈,最好让孩子死之前能见妈妈一面。

当时我还不知道离婚已受法律判定。我鼓足勇气,到金湖洞大舅子家,正好岳母也在那里,我就求她容我见妻子一面,但遭到岳母和家人无情的拒绝。

"女儿死了,不是有利于你再娶吗?听天由命吧。"

美英虽没能见到妈妈,但她万幸地活过来了。

迷茫和失落中被迫相亲

为了忘记痛苦,逃避现实,我每天在酒醉烟迷中度日。我怨因为母亲的一句话离家出走,甚至选择离婚的妻子;更怨为分开我们二人煽风点火的岳母家人。我试图借酒消解我心中的隐痛和伤恨。

姐姐从前把我托管的钱赔光了，我找她索要做生意的本钱。我拿到钱，每天到饭店喝酒消愁，直至把钱花光。我毫无余力支撑我的生命，生存的欲望荡然无存。

"弟弟如果再这样下去，又回到从前，这辈子就废了。"

"妈，快给弟弟找个对象吧。"

亲属们聚在乡下，商量挽救我的良策。一天，我接到母亲的信，说是有一个合适的人，叫我快回乡里相亲。

"我相信妻子一定会回来的。我已铁了心，不再娶别的女人。"

我相信自己对妻子的爱是永远不变的；和别的女人过，那是不可想象的。

"儿啊，就这么一次不行吗？妈妈求你。"

母亲几乎天天这样催我，我无奈就许了她。但我暗下决心，不论遇见怎样的女子，我都不为之所动，见个面，应付几句就了事。

然而，神的安排真是奇妙。到了约定的地方，只见有一个美丽女子端坐在那里，犹如天使下凡，正是我理想中的完美形像。她穿着一身雪白套裙，留着一头乌黑长发，其姿其容，美不胜言，画图难足，令我怀疑自己的眼睛。

那女子的母亲注重迷信，对"女儿必须处女嫁二婚男，才能获得婚姻幸福"这一八字算命深信不疑。她了解我的情况后，觉得我这人正合适，便主动安排我们相亲。

我们彼此相中，定了亲事，两家开始忙于筹备婚礼。相亲之前，我日日等盼妻子归来，无心再娶，贞坚如初。然而一直认为专一不二的感情,居然经不起考验,就这样动摇溃散。对自己的感情之变,我感到愕然和震惊。

婚期已定,庚帖交换已毕。而一天,前妻突然找上门来了,是因听到我将和别的女人结婚的消息,来探探虚实的。而当她发现我的心已与她远离,定意要和别的女人结婚,心里开始慌乱起来。

饶恕妻子

妻子一直以来深信我对她的感情是永远不变的,然而我将和一位美丽女子结婚的消息,对她震撼极大。妻子得知我对她的感情已不在了,次日凌晨居然带着行李出现在我的住处。

妻子走后,我回家就寝,正睡的时候,被"轰"的一声惊醒,起身一看,炕上有一个大包袱,又见妻子站在那里。她回来了,但为时晚矣!我已和别的女人订了婚约。我拎起那包袱朝外头扔去。她又跑去把那包袱拎进来,就这样反反复复,二人争闹不止。

"我恨你们家人。再说你已没有脸再面对我们家人。我婚期已定,要为对方负责。"

"我会向所有的人赔罪求饶,以后无论你说什么我都顺从。"

"我可以饶恕你,但我父母兄弟是不会答应的。"

妻子态度依然决绝:

"我会求得他们的饶恕。我生是你的人,死了也是你家的鬼。"

我惊奇地发现妻子和以前判若两人,变得像绵羊一般温顺。

虽然对这段感情，已是彻底失望，但我想到我可怜的两个女儿需要母爱，最终还是决定重新接纳她。但我对她约法三章：一是无条件地顺从丈夫；二是必须向我亲属赔罪；三是保证娘家人前来道歉。

妻子答应一切照办。我宽恕了妻子，我们重新结合，时为妻子离家满120天。

我向那订婚女子的母亲说明缘由，请求谅解。没想到那女子的母亲十分理解和同情我，事情轻易就得到了结。过了很久，我才明白这一切过程尽在神的旨意当中。

妻子与我离婚的原因何在？

一人肩负全家的生计，还要伺候生病的丈夫，前景一片灰暗，不见任何希望。艰难困苦的生活，使她善良淳厚的性情变得粗野任性。

"生死在舌头的权下，喜爱它的，必吃它所结的果子。"（箴言18章21节）

"人因口所结的果子，必享美福，奸诈人必遭强暴。谨守口的，得保生命；大张嘴的，必致败亡。"（箴言13章2、3节）

妻子心里明白我对她的爱是真诚的，所以虽然多次离家出走，但每次都是主动回来。因她相信我的真诚，所以始终陪伴我度过贫病交加，毫无希望的生活。而她常说"等你病好了我就和你离婚"，借以宣泄她心中的郁怨。这屡次三番的消极抱怨之语，使她自陷撒但的网罗,在我父亲的生日那天,这话就成为了现实。

我们说否定消极之言,会使魔鬼得到亵渎的机会。魔鬼、撒但凭我们口里所出负面的话,进行控告。公义的神须照灵界的法则,许可魔鬼、撒但的亵渎搅扰。由于这一原因,妻子未能克制自己的情绪,走到离婚的地步,但神使万事都互相效力,成全了我们的重合。

第三章
你们要呼求我

正式步入信仰生活

通过布道盛会认清自己是罪人

　　神让妻子变得温顺如绵羊。与妻子重合后，我们一家人沉浸在久违的安详与幸福之中。离婚复归的妻子，带着赔罪的心，竭尽所能服侍家人。而大女儿美英，却仍然不肯叫一声妈妈。为了抚平美英心灵的创伤，妻子煞费苦心，流了许多的泪。

　　1974年11月25日，经新迁房子的主人介绍，我们参加了玉水洞城东教会举办的布道盛会。我们夫妻带着渴慕的心参加凌晨、白天和晚上三场聚会。布道者为朴炳玉牧师，主题为"奉献所有，报主宏恩"。

　　朴炳玉牧师根据自己的亲身经历，见证奉献自己所有后所蒙的福分。他强调：为兴建教堂，奉献自己所有，必蒙神的记念，并厚赐的福分与奖赏。

我们夫妻坐在前头，如饥似渴地领受恩典。通过证道信息领悟了耶稣是全人类的救主，并且得知信徒需要经常读经，祷告；奉献十分之一和感谢礼物；禁忌烟酒，改正旧习等，基督徒当守的基本信仰行为准则。

我向来被称为"安分守己，无需法律约束的人"，自以为良善为人，扪心无愧。然而，当我用神的道对照自己时，才发现自己原来是一个罪人，从始至终，痛哭流涕，认罪懊悔。

生性内敛害羞的我，居然在众人聚集的地方，涕泪纵横地痛哭悔过，要是以前，这是无法想象的。这无非是因神的恩典与激励所成的。

正式步入信仰生活

布道盛会的最后一天，我决定为建堂作定期奉献。当时我住的是十万（韩元，约合人民币六百元）全租房。虽愿奉献所有，报答神恩，但我家徒四壁，无所可献。思来想去，最终决定定期奉献三十万元。我和在旁的妻子商量此事，正巧，妻子说她自己也受到同样的感动。

所定的三个月的日期快满了，而我们夫妻还未能攒到这笔钱。于是借了高息贷款，按期兑现了三十万元建堂奉献。因为向神守约是首要的，所以我们宁可借高息贷款，也要按时偿还所许的愿。

我们夫妻自参加布道盛会起，正式步入了信仰生活。通过盛会，彻彻底底地认罪痛悔，属天的恩典与能力临到身上，喜乐与感恩充满心间，无论何处，都是天堂。

参加聚会是最大的快乐，读经祷告是最美的享受。长期嗜酒成瘾，导致我不喝酒手就发抖。但因神恩临到，在盛会期间，我就能轻易把酒和烟都戒掉了。

而且照着讲师"不可空手朝见神"的教导，开始作十一奉献和感恩奉献，并且参加晨祷。

你们要呼求我

我开始热衷于读经和祷告。由于白天要到工地干活儿，我大清早就起来，上山呼求祷告。虽因缺乏属灵知识，还不明白如何祷告，但我顺着所赐的感动，经常禁食，向神呼求。

1975年，我清早上了水原七宝山，铺上一张毯子，跪下来向神祷告。此时我第一次听到神的声音。突然听见从天上传来清澈、宏亮而威严的声音。

"且看路加福音22章44节。"

我立刻翻开圣经查看，上面写道：

"耶稣极其伤痛，祷告更加恳切，汗珠如大血点，滴在地上。"

我向神求问赐这段经文的意旨。我被灵所感，领受了启示：神所喜悦的祷告，是大声呼求，尽心恳切的祷告。以色列属于沙漠气候，早晚温差大，晚间气温寒凉。

再者，耶稣被钉之时为四月份，晚间温度很低，不易出汗。然而耶稣祷告时"汗珠如大血点，滴在地上"，可知耶稣当时祷告之恳切程度。

由于极其伤痛，祷告更加恳切，身上用力过度，导致毛细血管破裂，带血的汗珠便如大血点滴在地上。耶稣若是静默地祷告，就不可能出现这种现象了。

呼求祷告所蕴涵的奥秘

后来我读经时发现，关于呼求祷告的记载，从旧约到新约出现许多次。且又领悟到古人先知都是经过呼求祷告才蒙神应允的。便确定呼求祷告乃是神的旨意。

"你求告我，我就应允你，并将你所不知道、又大又难的事指示你。"（耶利米书33章3节）

由于悖逆神，被大鱼吞入腹中的约拿，也是经过呼求，得蒙神的拯救（约拿书2章2节）。耶稣向已经死了四天的拉撒路大声呼叫说："拉撒路出来！"那死人就从坟墓里出来，手脚裹着布，脸上包着手巾（约翰福音11章43、44节）。按肉体看，对一个死人，用大声还是小声，实为无关紧要，而耶稣大声呼叫，以遵循神呼求祷告的旨意。

创世记3章17节记载："你既听从妻子的话，吃了我所吩咐你不可吃的那树上的果子，地必为你的缘故受咒诅。你必终身劳苦，才能从地里得吃的。"

在偷吃善恶果之前，人在伊甸园里能够尽享神为他所预备的一切美物，过着丰足有余的生活。而自从悖逆圣命，偷吃禁果之后，罪就入了人的心，人与神之间的交通断绝，归属于幽暗的属肉世界，以致"终身劳苦，才能从地里得吃的"；"汗流满面，才得糊口"。

为了实现力所能及的事，我们尚且需要付出流汗的辛苦，何况在超越人的极限、在人不可能的事上求神，岂不更当付出辛劳呢？我们所要付出的辛劳就是：尽心竭力呼求祷告。

"内屋祷告"的灵意

或有人问："耶稣吩咐我们说'要进你的内屋，关上门，祷告你在暗中的父'，何必呼求祷告呢？神是全知全能的，我们静默相求，祂也能听得见。"

耶稣的确说过"你祷告的时候，要进你的内屋，关上门，祷告你在暗中的父。你父在暗中察看，必然报答你"（马太福音6章6节），然而圣经何处也找不到有谁进内屋祷告的记录。

耶稣祂自己也未曾进内屋祷告，而是整夜在山上祷告（路加福音6章12节），或清晨在旷野祈祷（马可福音1章35节）。

但以理先知打开窗户朝着耶路撒冷方向祷告（但以理书6章10节）；彼得在房顶上祷告（使徒行传10章9节）。经上还记着保罗选择一处"祷告的地方"祷告（使徒行传16章13-16节），以求祷告更加专心，呼求更为方便。

"进内屋祷告"所包涵的实意是"专心的祷告"。屋子在灵意上是指人的心。进入内屋，关上房门，便能与外部隔绝，照样，我们祷告的时候，当要断除一切肉体的繁思杂念和属世的忧虑愁绪，专心诚意向神祷告。

体恤人之软弱的神

呼求祷告，起初也许感觉吃力，但只要坚持下去，必蒙上头来的能力，往后就一点都不难了。通过呼求祷告，被圣灵所充满，就能领受方言的恩赐。

而静默祷告，易受魔鬼的攻击，杂念的困扰；为丈夫、儿女所忧，为家务、生计所虑。虽然努力挣脱杂念的困扰，但还是被繁乱的思绪所胜，困意缭绕，睡意缠绵，以至昏昏入睡。

唯有专心呼求的祷告，才能抵挡魔鬼的搅扰，使杂念、困倦无隙可乘。满有慈爱的神体恤人的软弱，吩咐我们呼求祷告，能以赢得祷告的胜利。

领悟神的旨意后，我开始带着确信呼求祷告。到教会作通宵祷告时，我照样呼求。牧师劝我不要呼求，恐怕影响周围邻居，遭到举报。于是牧师在的时候，我只好小心翼翼地祷告，但却得不到释放。于是有空就到山上的祷告院去祷告。

如果牧师允许我在教会呼求祷告，必使仇敌魔战兢退后，众圣徒祷告之火被挑旺，教会得到迅猛的发展和兴旺。这是最令我惋惜的。

生性内向的我，经常上人迹罕至的山顶，从凌晨呼求到深夜。

使我降卑的神

为了全守主日选择体力劳动

妻子离家的那几个月间，利息累积，经济压力加重。经邻里一位包工头相劝，我做起了体力活儿。他照顾我在他属下做些较轻的活儿，能以锻炼身子，恢复体力。

我之所以欣然应之，是因想要尽快恢复七年病患所带来的虚弱体质，而最主要的是，能参加主日敬拜，可以自由地祷告。

因为不是每天都有工，休息的日子我经常作禁食祷告。虽然债务日渐增多，但我坚信只要得神的喜悦，必蒙神的赐福和应允。哥哥和姐姐想要给我凑足一笔钱，使我作比较体面的生意，但被我一口回绝。因为我已定意要踏踏实实地从最低微处，靠我双手开拓新的人生。

我虽生长在乡下,但因是老么,集家人的宠爱于一身,从未做过力气活儿。未曾尝过劳动之苦的我,一头扎进建筑工地,饱受考验和磨练,时常暗自落泪。

虽然病已痊愈,但扛着沉重的建材上下楼梯,实在很苦。扛着重物,要从一楼爬上二楼,由于体力不支,双腿发颤,中间多次坐下来歇息,方能完成任务。在此过程中我渐渐磨练出顽强的意志,身体也变得结实强壮。

各种活儿我都干过,如砌砖、铲土、拉人力车等;冬季休工时,管理为居民小区配送蜂窝煤的搬运工;也当过水利工,获得了丰富的生活体验。妻子也为生计四处奔波劳碌,卖过从仁川进货的扇贝肉酱;也卖过海带,还干过分拣石子的活儿。

当时我顺着圣灵的感动从事体力活儿,却并不十分明白其中的美意。后来才感悟到,对我而言,这是一段十分宝贵的经历。虽然身体劳累疲乏,但我从中体悟到生活在恶劣环境中的劳动者的悲哀和苦衷。在工地上,我殷勤传道,给我所遇见的每一个人,见证我所经历的神。工作虽然很辛苦,但因心里充满得救的喜乐,每天都在幸福中度日。

1975年夏天,三女儿守珍出生了。她是在我们夫妻参加布道盛会体验神恩的那个时候所怀的。守珍出生时没有啼哭,脸上总挂着甜甜的笑,直至六岁,未见过她哭。

守珍出生后,过了一个月,我们夫妻找了一份分拣石子的工作。从早到晚辛苦劳碌，一天的工价只有一千五百元（约合人民币七十元）。由于无处托养，我们只好带着守珍上班，就在工地一隅，撑开阳伞，把孩子卧在其下。炎炎烈日之下，一把伞几乎起不到隔热的作用，然而守珍一点也不哭闹，躺在伞下独自玩耍。不久后我们因接到房屋动迁的通知，只好辞掉了这份工作。

当时我们住在金湖洞和玉水洞交界的山腰上。房东叫我们搬走，因为房子要拆迁了。我们住的是十万元全租房，据说我们可以领十五万元补偿金。房东领了购房券，转手可以获四十万元。

然而房东以房子被拆除为由，非但拒绝退还押金，而且还强占我们应得的补偿金。我不想与之争竞，决定放弃那笔钱。但我们已无安身之所，只有露宿街头的份儿。

幸好妻子不知从哪里借来了五万元，我们在教会附近租了一间狭小破陋且背光阴暗的屋子。

因埋怨神，禁食祷告认罪痛悔

搬家没多久，又接到拆迁通告。房主把钱退还，叫我们搬走，但突然间要找廉价的租房并非易事。我和妻子一起寻遍可能有房源的地方，直至佛光洞仍没找到合适的房子。回来的路上心情十分沮丧，从午时到傍晚一口饭都没吃，快回到家里时，天色已经昏暗。

"神啊,您为何不垂听我的祷告?就连一间安身的屋子都不给我预备!"

我的口中不由冒出了埋怨神的话。正走的时候,发现路边有一家房屋中介所,我抱着一线希望进去询问。

"刚才有人提供房源,明天就可以入住。"

"租金多少?"

"五万。"

那间房子比较宽敞,另外还配有一间小屋,可用来作商铺。我恍然醒悟:原来神早有预备,明日就可以搬家。回到家里,我深省自责,懊悔流泪,恳求神的饶恕。

"神啊,我的心竟然这么诡诈、这么顽恶!求您饶恕我。我患病,我穷困,又不是您造成的,我竟向您发怨言。没有地方住,露宿又何妨!您赐我医治之恩,我非但不感恩,反而向您抱怨。求您饶恕我!"

我因抱怨神,深感愧疚,撕心裂肺地向神认罪痛悔。我痛下决心,以后无论在任何境遇中,都不埋怨神,并作了三天禁食祷告。

为了全守主日,持定不妥协的心志

我蒙了医治以后,选择体力劳动,是为了恢复羸弱的体质,更是出于全守主日,自由祷告的目的。

当我住在破旧简陋的单间屋子的时候,我的小姐姐传来一个信儿。当时姐姐经营高级餐馆，而且拥有一座大厦。

姐姐想要叫我负责餐馆的管理业务。我要是作了餐馆业务经理，妻子也可以得到一份工作，这样，生活就有了保障，衣食无忧，致富有望。

"小弟，只要你答应，我会给你一套房子，还有丰厚的薪水。但有个条件：一个月两个周日要上班。"

"对不起，姐。无论什么事，主日我必须到教会敬拜神。我不适合做这份工作。"

因主日不能作工的原因，我推辞了姐姐的邀请，后来母亲和兄弟们也听闻此事。不就是一个月两次主日上班么，怎么能放弃这么好的机会！既能还清债务，又能过上宽裕的生活，怎么能拒绝这样的美福？母亲为我伤心，兄弟们也不理解地摇头叹息。

如何全守神的道？

如何除净罪性？

布道盛会后，我开始精读圣经。每次读经的时候，先是沐浴洁身，然后正襟危坐，翻开圣经专心细读。我从新约马太福音起往下读，领受了"离弃恶性、除去恼怒；不可说谎、不可恨人，要爱仇敌"等诸多教训。

经过一段时间的行道努力之后，我一边读经，一边检验自己的信仰。发现自己欠缺的部分，就记在本子上，有未能遵守的部分，就向神祈求："求主帮助我能够照您经上的话而活。"并努力践行。

比较难以离弃的，是有生以来养成的一些旧习。为了将其除之，作三天禁食，专心向神祈求仰赖。三天除不去，就作七天，七天不行，就作十天。

禁食的苦楚，让我想到：与其禁食，不如赶快离绝非真理。为了避免禁食，日常生活中我更加谨慎自守，改正旧习，从而迅速获得更新的果效。

例如，有时嘴里不经意间冒出谎言，我就祷告神："主啊，我要禁食三天，除去一切谎言。"一旦发现自己说出了谎言，就禁食三天，断然除之。自从醒悟到恼怒也是罪，是必须弃除的，我就恳切求神的恩助，并以实际行动断除恼怒的恶性。另外，我定意凌晨四点起作晨祷，未能按时起床，我就以三天禁食约束自己。

"爱我的，我也爱他；恳切寻求我的，必寻得见。"（箴言8章17节）

"你们若爱我，就必遵守我的命令。"（约翰福音14章15节）

"我们遵守神的诫命，这就是爱他了，并且他的诫命不是难守的。"（约翰一书5章3节）

我作了主的仆人之后，关于人的罪，有了更深的启悟：罪分为外在行为上的"情欲的事"和潜在的罪性——"肉体的事"。"情欲的事"是由潜藏在心里的"肉体的事"所发出来的。

为了除净一切的恶事

从前卧病期间，邻里的伙伴们常来我家打牌消遣。当时我刚刚信主,不了解神的道,还不明白打牌赌钱是个罪。信主之前,打牌我通常是赢家,但自从信主之后,无论怎样动脑筋,只输不赢。我慢慢意识到神不喜悦祂儿女们打牌,便下决心要把它断掉。

坚持一段时间后,我经不起诱惑,某一天拿着半个月的薪水,又打起牌来了。玩到次日凌晨,我输得很惨,几个输钱的人继续苦战,要赢回输掉的本钱。突然听见外面有人叫喊"教会传道师来房东家了。"

我只当没听见,压低嗓音,继续玩牌。最终输得我分文不剩,房东家里传来的唱诗声,令我听着句句扎心。传道师探访完毕就回去了。

"传道师来探访,本应到房东家里献上礼拜,我却躲在家里,故意回避,良心何在!我还有什么脸去教会?"

自未能胜过此次试探之后起,感觉礼拜时间很枯燥,祷告也不上心。从前在工地作工很卖力气,但心情愉悦,感恩颂赞不离口,而此时恰恰相反,心里满是愁苦忧闷。两个星期,一直在痛苦中度过。

一天夜晚,我打开门窗,向外眺望。望见远处的纛岛和汉江。江面倒映着城市斑斓的霓虹灯、街灯。"哦!这是什么?"江面上的红色光影,突然变成十字架,我揉揉眼睛再看,依然是一尊尊十架光影排列在江面上。

"今天我看那些光影,为什么都变成十字架?"

我正诧异的时候,满有慈爱的神施恩与我,使我想起日前因不胜赢回本钱的诱惑，回避来访的神的仆人，没有参加探访礼拜的事。我情不自禁地痛哭流涕，向神认罪。

"主啊，我发誓，以后再也不打牌了。"

作了痛悔之后，神使我恢复过去被圣灵所充满的信仰状态。与神隔断的罪墙被拆毁，心里异常轻松愉悦。两周的痛苦经历，使我深刻醒悟到迷恋世界的可怕，从此彻底离绝了打牌。

为了除去意念上的罪而恒切祷告

行为上的罪，即"情欲的事"，只要立定心志，断除还算容易。照着经上"当禁"、"当行"的诫命去做，并不难。

但令我感觉难守的有两方面，就是怨恨和奸淫。因为是意念上的困扰，不受人意志的支配，所以颇令人苦恼。

当时，我对很多人抱有仇怨。在我承受病苦的时候，无情地拒绝借钱给我的兄弟们；经常称我为"废人"的岳母；因为不能赚钱养家而轻蔑我的岳母家人，我心里堆满了对他们的仇怨嗔恨。

"我若是康复了，一定要赚很多钱，叫你们服我，羡慕我。"如此仇怨满心的我，要践行"爱仇敌"的训言，感觉很难。

还有一个是意淫。耶稣说，看见妇女而动淫念就是犯了奸淫（马太福音5章28节）。以往虽然未曾行淫，但见到漂亮女星的图片，不由生起恋慕之心。

看见明星，或在路上遇见美貌女子，心里摇荡，多瞅一眼，这岂不是神眼中看为恶的奸淫呢？

经上的其他诫命，我能够照着行，但惟有这两项，颇令我心里纠结烦恼。记得布道盛会时牧师讲，只要凭着信心求，没有不得应允的。我因相信"在信的人，凡事都能"这段经文，为了除去心里的罪性，经常禁食祷告，专心仰赖神。

"主啊，求您助我除去奸淫，见到任何女性都毫无感觉。"

信主之前，屋里墙面上经常挂着女星挂历或者图片。但自从明白神的道之后，我就把那些都清理干净了。为了彻底根除奸淫这一罪性，我经常禁食、祷告，付出了锲而不舍的努力。

惟愿蒙神赐福，荣耀主名

"求神引导我成为一名出色的长老，使我凭着所赐的福分，广行施舍，济贫帮困，使荣耀归于您。"

我梦想成为一名长老，靠着神在物质上的赐福，致力于周济和宣教资助。

搬到带有商铺的房子后，我开了小型书屋。妻子在外头销售化妆品，我一个人经营书屋。兄弟们嫌我寒碜，想帮我找其它体面的事情做，但每每被我推辞。

"神试炼我之后，我必蒙神的赐福。"

若是我因贫穷接受兄弟们的帮助，往后神赐福与我的时候，叫我如何归荣耀与神？

"这哪是神的祝福？如果当年没有我们的帮助，你还能有今天吗？……"

我若是把荣耀归给神，兄弟们必这样反驳我。于是我决定专心遵行神的旨意，拒绝任何人的帮助。

历经三年除净奸淫罪性

开书屋不需要太多的本钱。为了迁到更大面积的店铺，我作了三天禁食。禁食结束后，我找到金湖洞剧场一楼的一个门店，正合我的心意，便签订了合同。经过一番装修布置后，就开张营业了。附近有很多酒吧，回头客多是酒吧女。

有个女子每到店里，就过来坐我旁边。每当那时，我急忙从座位上弹起，快步走开。我心里毫不摇动。当女子们引诱我时，我就避开她们。她们的反应各不相同。

"因为是酒吧女，你就这样藐视我们吗？"

"叔叔看来是铁石心肠。"

"到我们店里，酒水给你免费，一定要来呟。"

面对种种诱惑，我保守己心，毫不为之所动。后来经过几次抵挡，属天的能力临到我身上，得以彻底除净奸淫的属性。通过恒心不住的祷告，随时领受属天的能力。借助所赐的能力，勇于践行神的道，抵挡诱惑，胜过试探，最终得以除净奸淫这一根深蒂固的罪性。这一过程共经历了三年时间。

惟一的心愿

对圣经的解释应是一致的

我有个追切的心愿，就是悟透圣经真道，并且全然遵行。于是凡教会开布道盛会，我必去参加，寻求神恩，想要获解读经时遇到的很多疑难经文。对我来说，听道时间是最快活的，每当领悟神道的奥秘时，心情无比地激动。我还经常参加祷告院聚会。那里聚会是常设的，随时都可以去聆听证道信息。

作为一个初信者，虽然听了许多篇道，但仍有很多难解的章节。于是去问牧师，但有些问题牧师也答不出来。

"牧师，请问我应该看那些书籍，才能快速领悟神的旨意？"

"李弟兄，你如果想要明白圣经，《黑崎释经》这本书你可以看看。"

听了牧师的话，我特别开心。虽然负有很多债务，生活拮据，但我想方设法凑足钱，买了这本《黑崎释经》。我带着《黑崎释经》上山，一边禁食，一边精心阅读。但书中内容，与我的期望大相径庭，难解经文仍然不得其解，我心里十分苦闷。

解释经文有很多错谬的部分，叫人读来反而丧失信心。甚至称一些圣经内容带有寓言或神话色彩，显然有违"圣经是神的圣言真道"这一基本信仰观。

后来我还读过各类释经书籍，但众说纷纭，各有其解，容易产生误导，造成混乱。我觉得对圣经的解释，应该是一致的。

求主为我启解圣经的话语

1976年的一天，对神的道求解若渴的我，从参加大邱布道盛会归来的一位圣徒口中，听到一个令我振奋的消息。"有位牧师，经过两次四十天禁食，常蒙天使指示，三年获得对圣经的启解。"

听了这话，我心里骤然火热起来。人能获得天使的启示，这本是令人难以置信的事，但我对此深信不疑。我打算照着行，凭信恒切不住地向神祷告。

"神啊，我相信您在圣经六十六卷书中的一切言语。圣经是人被圣灵感动所记录的，求主赐我圣灵的感动和感化，启解这六十六卷书中的圣道。要么差派您的使者，要么主亲自临格，向我指示您言语的奥秘。"

难解经文，是指尚未获知神旨意的经文。不明白经文的实意，怎能行在神的旨意上？只有明白神的旨意，才能遵行神的道。

为了明白圣经的实意，我带着迫切渴盼的心情，献上了无数次的祷告。神不仅感动我恒心不住地祷告，而且经常禁食。休工的日子，我就上山祈求。我历经数年，恒心向神恳求解经。

神细致的引导

经过两三个月的时间，我领会了经营诀窍，我展望美好的未来，充满了"靠神凡事都能"的确信。然而以当前的规模，除了能勉强维持生意以外，别无指望。因胸有凡事都能的信心，虽没有投资本钱，但我决定要扩大经营规模。

"求神引导我找到理想的经营场所。"

祷告第三天，有人到店里来表示有意接手我的书店。这人原来是个大商户。我以十五万的价格把书店转让给他，除掉五万元本钱，还另赚了十万元。

我和妻子作了三天禁食后，为了了解行情，参观了附近多家书店。我们打听到石山有一家生意很火的书店要转让，转让费和租金加起来要五十万。我拿出全部的家底十万元，签订了合同，但还差四十万元。四十万，对我而言是个大额度。我突然想起教会里有两位富有的圣徒，我叫妻子前去求情，但意外地遭到了拒绝。

妻子又到邻里借款，借到了十五万，剩下二十五万实在无从解决，于是向店主讲述了实情，店主以本息偿还的条件，把书店转让给了我们。

教会应严禁圣徒之间金钱交易

后来神使我明白，当时为何拦阻我向教会的圣徒借款。在教会里，圣徒之间的金钱交易是违背神旨意的。骨肉兄弟之间金钱往来，尚且常常产生矛盾纷争，甚至反目成仇，何况在教会圣徒之间呢？主内弟兄之间金钱往来，容易给魔鬼、撒但提供亵渎的机会，这是神不喜悦的事。

后来我作牧养工作时，在教会里严格禁止圣徒之间的借款行为；不准向人求借，也不准借贷与人。我见到偶有一些不顺从的圣徒，往往因此遭遇试探和患难。主内的弟兄之间不可行亏欠之事，正如经上所言"凡事都不可亏欠人，惟有彼此相爱，要常以为亏欠"。

第三次扩迁的门店，虽然生意不错，但靠其收入只够还息不够还本，还债仍是渺茫。市区里有不少大型规模的书店。我为了扩大经营而专心向神祈求。

蒙神引导，资财丰盛

金湖洞市场里头，有一家在周边同行业中销量最大的有名书店。我听说这家门店要出兑，前去一问，转让价为一百万，房租另算。当时工人一天工价约为一千五百元，一百多万，对我而言是巨大款项。老板一口咬定，能优惠到九十五万，这是最低了。

事后得知这家书店自我来过之后，二十多天无人来问。有人给我报信说，店主因迫于一些情况，急于出兑门市，却迟迟无人问津，如果这时候再去协商，会有满意的结果。当时我手头只有五十万，差的太多，凭这钱是不可能谈妥的。

经过一夜恳切祷告之后，我去找那店主协商。我说我只有五十万，能不能兑给我，店主想了一会儿说，五十五万可以成交。最终以五十万的价格谈妥，全租租金以月付的方式分期结清。

我们迁到金湖洞市场后街的书店。令人稀奇的是，我们刚入住，客流猛增，门庭若市。有人诧异：很早看中这店，竟不知要出兑；有人叹息：都怪我犹豫不决，错失良机；有人利诱：我出一百二十万，能否转让？

又有人要出一百三十万，我有些动心，和妻子商量，因为所赚的差价可以买套房子。但这么快就转让，觉得有些不妥，因为这是经神的引导找到的，其中必有神的美意。于是决定要好好经营这书店，领受神的赐福，还清所有的债务。1977年7月，我们书店开张营业。

主日必关门歇业，杜绝喝酒吸烟的学生出入。我们一家人经常唱诗赞美神，歌声传到店里。自从我们接过来之后，店里顾客明显增多。夫妻二人白天营业，夜间通宵祷告，这就是我们的日常。

辨清圣灵声音的操练

在梧山里祷告院

犹如渴鹿爱慕溪水，我一直迫切寻求领悟神道的深层奥秘。1977年的某一天，我在梧山里祷告院参加一场聚会。此时我第二次听到了神的声音。

聚会上听到牧师讲："药是神赐人类智慧所发明的，所以有病就医吃药也是神的旨意。"

我心里感觉不对，便没有说"阿们"。因为我所经历的神是全能的神；在祂没有难成的事。礼拜结束后，我去祷告室，恳切求问神的旨意。

"神啊，人吃药是您的旨意吗？请指示我明白。"

不知祷告了多久，忽然听见神的声音，说："你要查阅历代志下第16章。"翻开圣经一看，是关于以色列王亚撒的记载。亚撒王登基初期，信仰虔诚，专心靠神，屡战屡胜，举国太平。而到了末年，却失了信志，不依靠神，反求靠外邦军力，以致兵败，而且把传神劝言的先见囚在监里。后来，作王39年，脚上生了重病，却仍不依靠神，只求医生，两年后不治身亡。

通过这段经文，我得以确定：神愿祂的儿女们因信专心靠赖神，不依靠世界。

辨清圣灵声音的操练

神的声音和圣灵的声音是有区别的。我听到神的声音，至今仅有几次。因为神的声音是在极特殊的情况下所赐的。论到圣灵的声音，当人接待耶稣基督，就可以领受所赐的圣灵，获得圣灵的内住。当我们带着神的话语，火热地祷告，离弃罪恶，破除人意，就能听到圣灵的声音。听圣灵声音程度的深浅，取决于弃恶除欲的程度。

我从初信时候起听到圣灵的声音，作执事的时候，听得就更清楚了。有一次参加教会礼拜时，神操练我辨识圣灵的声音。大礼拜的证道信息，令我感觉如蜜甘甜。正听得入神的时候，心中有一个强烈的声音：给教会某传道师救济三万元。

"主啊，我会照您的吩咐，将三万元交给那位传道师。"

礼拜时，我心里默默向神承诺。可是礼拜结束走出教堂的时候,心里突然犹疑起来。按现实的境况来说,三万可不是小数目。

"我手头里没钱,怎么给他三万,我又如何能凑到这笔钱?他们的家境不是比我好吗?……也许是我自己想的吧。"

我就没把此事放在心里。次日星期一,那位传道师任教会劝事的岳母串门到我在金湖洞市场里的家。

她说"我女儿昨天整夜受产痛之苦,我们最后决定把她送到医院,可是这深更半夜的,三万医疗费上哪儿去解决呀!我夜里到处奔走,东借西凑,好不容易凑到这笔钱。还好,到医院虽是难产,但还是把孩子生下来了。"

听了劝事的话,我瞬间感觉当头一棒。

"劝事,其实昨天主日礼拜时,我受了圣灵的感动,本来定意要帮你们,可是一方面又怀疑这可能是我自己的想法,就不再为这事操心。可是刚才听您这么一讲,我这才醒悟到自己违背了神的意旨。"

我就地认罪悔改,并立志此后凡事一定要顺从神。

"听到圣灵的声音不顺从,造成了这样的后果!"

如果那时我顺从圣灵的声音,那么早有预备的神,必使我轻易求得那三万元。若是这样,传道师一家就不会整夜受苦;若是照圣灵的指示行,神必照我所种的,"连摇带按,上尖下流"地赐福与我。我对当时因囿于人意,未能听从圣灵的声音,深深自责懊悔。之后我多次经历这种操练,越发清楚地辨识圣灵的声音和人的意念。

在寻求方言恩赐的过程中得悟顺从的重要性

顺从神旨意的重要性,是我通过体验所领悟到的。我天天热衷于服侍教会,恒心不住地祷告。一天主任牧师召见我,说:"我们主日学孩子们缺少教师,我觉得你比较合适。"

"牧师,很抱歉。我以前没教过主日学,恐怕教不好孩子们。等我以后具备能力再试试。"

虽然知道应该顺从牧师的话,但我实在没有自信教主日学的孩子们,于是推辞了牧师的建议。然而没想到这似乎不太重要的一件事,居然会成为与神隔断的罪墙。

"主啊,求您赐我说方言的恩赐。"

我听着众人一口流利的方言祷告,很是羡慕,于是恳切向神祈求。可是求了很多次也没有效验。有一天我听人说到汉尔山(音译)祷告院就能轻易得到方言恩赐。

我于是上汉尔山祷告院参加聚会,但说方言的恩赐仍旧没有临到我。讲师李天锡牧师讲道时说:"方言任谁都能得着,信主的人得不到方言岂不可笑。"

"任谁都能得着的方言,为何独我得不着?"聚会结束后,我独自走在路上,越想越沮丧,狠劲儿踹飞脚前的石子。我顾不得吃午饭,就顺着溪谷爬上山顶,双手抱着一棵树,大声呼求神赐我说方言的恩赐。

突然我脑海里闪现一个场景:当牧师劝我担任主日学教师

时，我因没有自信而推辞。领悟到当时如果凭信顺从牧师的话，神必照着我的信心给予帮助，使我能够胜任教师的使命。

"神啊，求您饶恕我不顺从牧师的话。以后凡事我必顺从。"

我醒悟到自己的过错，便诚然向神认罪悔改。而当我正祷告的时候，突然不由自主地说起方言来——我一直羡慕渴求的说方言的恩赐终于临到我身上。

"主啊，我感谢您！"

借此，我得以深悟"听命胜于献祭"（撒母耳记上15章22节）这句经文的实意，懂得了神是多么喜悦我们顺从祂的话。通过这一体验，我下决心要专心顺从神的旨意；不再顾念自己的状况处境，向神所做的，是无条件的顺从。

主啊，我这等人怎能……

某一天在祷告时

1978年的某一天，在祷告时我听到神雷鸣般的声音：

"万世以前所拣选的仆人，我熬炼你三年，你要装备我的道三年。我必重用你，你要翻山越岭，漂洋过海，见证永活的真神。我必与你同在，所到之处有奇事和神迹随着你。"

那清脆而洪亮的声音接着说："你是我万世以前所拣选的仆人，从你在母腹中的时候到今日，我用火焰般的眼目看顾保守并引领你。你要把店铺交给你妻子管理，你从此要走主仆的道路。我必使你们的收入超过你们二人同工所得的。使你柜里的钱不缺短，桶里的米不减少，一切绰绰有余，可以尽行施舍帮补。使你降为卑的是神，引导你脚步至今的也是神。将来也必作你随时的引导。你将明白我使你处于低微的旨意，将来，我必使你升为至高。"

"你爱我胜过你的父母、你的儿女、你的妻子。你爱我胜过一切。所以我要照你所种的，赐你连摇带按上尖下流，甚至百倍的福分。"

我当时被圣灵所充满，在圣灵的感动中以"阿们"领受了神的话。但后来仔细一想，觉得这与现实差距太大。我一直怀揣的梦想，是作一名优秀的长老，帮助那些和我以前那样承受贫病之苦的可怜之人。难道我至今所求的，都要归为枉然吗？

当下还有很多债务没还清；家主无业谁来养家；衣食问题靠什么解决；没有记性又怎样读神学？种种忧虑占满我的心间。

按我现实的条件，这事很难顺从，但神的话是不可抗拒的。

若真是您的旨意，求您再次以声音指示我

经过商量，我退出经商，把店铺交给妻子管理。

"我听到的真是神的声音吗？会不会是一种幻听？"

我心中起疑，再次向神求问。

"主啊，作一名优秀的长老，是我一直所渴盼的。而您吩咐我作主的仆人，我生性内向害羞，不敢想象自己能在众人面前讲道。再者我年纪也大了，记忆力也衰退了，又如何去应考？我的情况您都知道，我作主的仆人若真是您的旨意，求您再次使我得听您的声音。"

为了听见神的声音，我上了祷告院。在那里祷告一周，却无任何应答。我又去找一些有名的预言者，但无人能说出关于我的预言。

为了明确自己走主仆的道路是否神的旨意，我辗转于诸山之间，日日夜夜迫切呼求，但迟迟没有回应，心里非常痛苦。

三个月过去了，所求仍无显应。此时我已经几乎绝望，抱着忧闷的心情，拎起行李，就下了山。

周六，牧师到我店里来探望我。牧师托付我主日礼拜作代祷。由于心情沉闷，对作代祷颇有负担，我就婉拒牧师的请求：

"牧师：因为我这段时间所求没有得到回应，心情十分沉重，主日代祷就免了吧。"

"这有什么关系！李执事，代祷的事就交给你了。"

再次得听神的声音

牧师把代祷的任务交给我就走了，但我心里仍是不能"阿们"。这天，忙完一天的工作，关了店门，我和妻子因外面雨大，商量好今天不去教会，一起在家里祷告。夜色已深，到了零点时刻，我和妻子在店里的地板上铺了一张席子，一起唱诗进入彻夜祷告。

当我正闭目祷告的时候，突然看见天开了，耀眼的光辉从上头投射下来。天棚似乎消失一空，天上传来轰轰雷鸣般的声音。那声音如同启示录所记,好像众水的声音;既宏亮,又柔和,又充满着威荣。

"你明天去作代祷。"

神并没有对于我一直以来所求的关于是否作主仆的问题作出回应。祂的声音极其美妙:既柔和温馨,又充满慈爱和慰藉,且带有不可抗拒的威严,是这地上的语言所难以形容的。

听了那声音,这阶段所积淀的忧苦沉闷,瞬间化为乌有。肉体的意念全都如雪消融,心被圣灵所充满。感觉身体分外轻松,好像棉絮在半空中悠然飘游。仿佛只要身体一用力,就可以穿过天棚,扶摇直上到云霄里。心中充满了喜悦、欢欣与感恩。

我想"主再来的那日,我们被提上升也许是这种感觉吧!"我睁开了眼睛,光不见了,天棚依旧还在。在旁的妻子虽没听见神的声音,但一同被圣灵所充满,灵里感知我在光耀中领受着神的指示。我们通宵唱诗赞美祷告神,将荣耀归给神。

被圣灵感动的代祷

次日早晨到教会,看到周报上刊登的代祷者是我的名字。由于昨晚的属灵体验,我的身心分外轻松和愉悦。礼拜开始,到了代祷的顺序,我就上前握住麦克风,开口祷告。突然感觉我的心思和口舌,完全不受我意志的支配。

我的心思意念完全被圣灵所掌控,内心充满着感动,身体有些发颤。我顺着所赐的灵感，口若悬河地释放出祷告信息。全是针对圣徒们的责备之言，但我只能顺服，不敢任意停住。

"你们这偷窃十分之一的人哪，有祸了！你们是不知感恩，灵里愚钝的人。你们信我，却是枉然……。"

我虽努力节制，但还是做了十余分钟的祷告。代祷不能超过三分钟，要是超时了，圣徒们就会嫌祷告过长。我做完祷告回到自己的席位，低头坐着，不敢抬头望牧师，心里忐忑，不知所措。

"这可怎么办？身为执事竟敢开口责备圣徒们，咋收场呢？"

但没想到礼拜一结束，牧师走到我跟前，说："今天的代祷太好了。让我蒙了很多恩典。"我平时没听见牧师对谁这样说过。但我仍然愧意难消，想要匆忙离开教堂。"李执事，你的祷告完全出于圣灵的感动。"很多人向我表示代祷让他们很感动，蒙了很多恩典。

专心顺从

我这才坚信我的确是蒙神呼召为主的仆人。

"神啊，我愿顺服您的呼召，走主仆的道路。而至于读神学的事、记忆力衰退的问题，全都向您交托仰望。"

我时年36岁。确定自己蒙召为主仆之后，我另外租了一间屋子，开始过独居的生活。在离家有五分钟之隔的这间屋子里，我专心禁食祷告，精读圣经，并且求神使我恢复记忆力。

我立志将世情和肉体的私欲都钉在十字架上，单单遵从神的旨意，作一名称职的主的仆人。离开心爱的家人而分居独处并非易事。但我顺着圣灵的感动和指引，作出了这一选择。

我与当时所委身的玉水洞教会的主任牧师进行商讨后，决定就读圣洁神学院。我开始埋头苦读，专心备考。

神学院考试的日子到了。我认真填写圣经科目的卷子，而其它科目则只填写名字后交了白卷，我觉得与其敷衍答卷，不如坦诚交白卷。

面试的时候，神学院院长诧异地问我，为何除了圣经科目以外其它都交了白卷。我向他讲述我失忆的遭遇经过。

"没有记忆力，为何还要选择作主的仆人呢？"

"是神指引我作主仆的。"

"圣经科目你考了100分。"

当时得100分的独我一人。

"看在圣经科目成绩100分的份上，我们准你入学。"

我一直担忧自己考不上神学院，不知有多焦虑，然而我意外地这样轻易就被录取了。

叫人"所种必有收"的神

神学院生活

神的仆人理当过分别为圣的生活,而神学院的同学们迷恋世界,随从世俗的风气,令我深感痛惜。同学们放学后,通常聚在茶馆里闲聊,聊的净是些世俗的话题。比如:周末去哪里好玩,怎样寻开心。我劝勉他们利用周末时间应该专心读经祷告,不能虚度光阴。而他们置若罔闻。在学校里,我自然就成为一个"特立独行者"。

1979年,我以37岁大龄入神学院学习,一年级开始预备开拓教会,求神赐下教会名称。姐姐表示要资助我建立教会,于是我四处寻找合适的场所,但神不给我开启开拓之门。

积攒财宝在天上，尽心尽力讨神的喜悦

我努力积攒财宝在天国的府库里，因我深信神是信实的神，祂照各人所种所行的报应人。在从事体力劳动的那段时间里，我也经常参加布道盛会，聆听神的话语，奉献精心预备的感谢礼物。无钱可献的时候，作约期定额奉献。约期奉献金，我每次都必按时献上，若是没钱，宁可借款也要按期履行向神的约定。

我从来不会空手到神面前。有了收入，先取出十分之一献给神。我作十一奉献，向来都是充足有余的，有时是十分之二，有时是十分之三。我向神奉献，毫不吝惜，从不算计。

一天，牧师到我家进行探访。礼拜完毕，牧师不了解我们家庭负债的情况，劝勉我说："李载禄执事，你也知道教会经济状况欠佳，请问你能否为教会建堂作约期定额奉献？"

"阿们，我愿意。"

我们夫妻二人欢喜领受牧师的劝勉。我们不顾家里有债，情愿顺从牧师的话，作了建堂预约奉献。为了履约，我们再次借款筹资，甘心承受更重的债务压力。我们凭信积攒财宝在天上，到了时候，神就为我们敞开了物质祝福的门。

专心遵从神旨意，小本生意赢大利

有一个定期给我们店配送书本的人，听到我们每个主日都要

关店歇业，就露出不解的神情，断言如果长此以往，这店必然倒闭。书店规模虽然不大，然而当我们全守主日，奉献完整的十分之一和供物时，神就喜悦我们，倾福与我们家庭。

我家书店，从清晨到深夜门庭若市，读者不断。店里的生意异常红火，许多人慕名而来，寻求经营之道。

人们纷纷抱着希望而来，但见到我们店里设施简陋，又得知每主日都必关门歇业，就一脸诧然地回去了。我们书店向来杜绝不良读物，而且严格禁烟，保持良好的氛围，所以回头客多为一流大学的学生。

"请教一下贵店生意兴隆的秘诀。"

"每个主日我们都会关店歇业，到教会敬拜神。店里生意好，就是因为神赐福与我们。"

"……"

不信神的人听了我们夫妻的回答，自然不得其解。在经营书屋的过程中，我们经常给那些回头客们传福音，领很多人归信基督，后来我开拓教会之后，他们成为我们教会青年部的核心力量。

经过开业后的短短几个月，我们得以还清不堪承受的一切债务。这是我上神学院之前所经历的。我们夫妻偿清了一切债务，心中充满感恩，尽心奉献各种献金于教会，尽力帮补那些穷苦的家庭。

在神学院一年级的一次出游活动时，我们为教授和同学几十人提供了爱心午餐。而且每个主日为主日学教师和诗班供给午餐；暗暗资助生活困难的神学生。

当时我们仍旧住在简陋的月租房。而每逢节日，我吩咐妻子察看街坊邻居，若有因贫穷而吃不上节日糕点的家庭，就送去糕点和水果。我们多方奉献、周济、帮补，非因富足有余，是凭着信心而行。

当我们凭信栽种后，叫人有种必收的神，次日必赐我们加倍的收入。

天使唤醒起床，200天定期彻夜祷告

我自从接待主之后，无论何时何境都不曾与世俗妥协。领悟了神的道，就照着行；谨守遵行神在圣经中的诫命律例。

四年的读书生涯中，我时常作通宵祷告，频繁禁食。每逢假期，我就带着行李上山祷告。寒暑假基本上都是在山上度过的。上学期间经常作定期彻夜祷告。一个人到教会从零点时刻祷告到凌晨四点。定期祷告期间，彻底遵守祷告时间，未曾迟到一分钟。

祷告结束后，回到独居的住处，凌晨五点入睡，早晨七点起床。读小学的大女儿美英，每天七点二十分左右给我带早餐来。吃完早餐，带着盒饭上学。一天的课程结束，回到家里做作业，帮着做店里的活儿，一天忙得不可开交。

这样的日子周而复始，疲劳日积月累。五点入睡，到七点正是沉睡时分，很难睡醒起床。但主每日准时把我叫醒。

"爸！"

睡梦中听见大女儿美英在外面唤我的声音。

"美英来啦？"

听见女儿的声音，我便起来打开房门，不料外面空无一人。起初我还以为她去了别处，就周围寻找一番，但仍不见美英的身影。我诧异地回到屋里，洗漱整理，约过了二十分中，美英带着饭来了。

次日早晨七点钟又被"爸"的唤声惊醒，开门一看，又是不见其人。我顿时领悟，原来这是神藉着天使来叫醒我。

但反复多次经历后，反应渐渐麻钝，听见"爸"的叫声也起不了床。于是神又用别的方式叫醒我：正睡得时候，被门外很响的脚步声惊醒，以为来了访客，开门一看，却什么人也没有。看表，七点整。

100天的定期祷告，到了第90天的时候，接到岳父去世的讣告。我和妻子一同下到木浦的岳母家。在那里，我们照常从深夜十二点到凌晨四点，坚持祷告四个小时。

葬礼结束回到家里，我们续作几天的祷告，便满足了100天日数。但心里不踏实。总觉得有所缺憾，不够得神的喜悦。于是重新献上100天彻夜祷告，并且十分成功。就这样，我们一连献上了200天的彻夜祷告。

你们去把钱丢到茅厕里

家人都十分了解，凡违背神道的行为我是一概不容忍的。这天，主日礼拜结束后，我们一家人回到了家里。妻子和三个女儿说肚子饿，想吃点东西。似乎想要买些点心吃。妻子试探地问我：

"孩子们饿了，想买些零食吃。"

"孩子们：你们真想买零食吃吗？"

"想要！"

三个女儿以为爸爸今天主日破例，特许她们买东西吃，一齐开心地跑到我跟前来。

"那好，你们去从抽屉里取些钱来。"

她们纷纷把钱取了来。

"你们三个现在就去，把钱统统丢在茅厕里，然后再来见我。"

"……"

孩子们顺着我的吩咐，把她们预备买零食的那几百元钱（相当于现在的几千元），都丢在茅厕里了。

"爸爸为什么这么作，你们知不知道？"

"知道。"

"主日是神所命定的圣日。神的儿女在主日进行买卖，是神所严禁的。你们违背神的话，应该不应该？连吃东西的诱惑都胜不过，谈何其他诱惑呢？若是纵容一次，必有第二次，第三次，这是神不喜悦的。你们带着主日买东西的意愿向我请示，本身就已经犯了安息日。与已经买了吃并没有区别。我吩咐你们把钱丢掉，正因如此。"

后来，三个女儿表示，当时照着父命弃钱茅厕这一经历，给她们留下深刻的教训，成为得胜的力量，受用终身。

蜂拥而来的人们

由于门市设在人来人往的路口处,经常有教会的传道师或圣徒们路过时光顾店里。

在我读神学的时候,有一次教会的执事前来向我咨询,说女宣教会有几个人合伙组建融资理财。我规劝她不要参与。

"耶稣说神的殿是祷告的殿,并严厉斥责那些在殿里作买卖的商贩。教会里不能容许任何以盈利为目的的事业。经上告诫我们不可亏欠人。圣徒之间相互借贷等,任何一种金钱往来和交易是应当杜绝的。金钱交易,易生利害矛盾,使撒但得着亵渎的机会,给教会带来纷争和混乱。"

没过多久,她们的融资活动出了问题,引发矛盾纷争,大大扰乱教会。于是,开拓教会后,我教导圣徒们彼此之间不可有金钱往来和交易,并规定教会里不得以任何名义进行义卖活动。

那时,许多人就灵肉间的各种问题向我咨询,总能问题获解,所求蒙允。我的名声便藉着他们的口传遍四方,寻求解答或医治的人纷沓而至。有的圣徒因脱发戴着头巾来接受祷告,几个月后头发长出许多,用不着戴头巾了。

有一次,遭遇车祸的一位圣徒前来求医治。经过了解得知他虽然挂名于教会,却偶尔找人算命,又经常不守主日。

"传道师,请您为我祷告,我遭遇车祸,疼痛难忍。"

当我恳切为他祷告之后,疼痛消失,伤处痊愈,并作了见证。

"全守主日,是我们承认神属灵主权的信仰表现。我们由此一周间蒙神保守,免遭各种事故灾祸。但我们要是不守主日,就得不到神的保守,因为神是公义的。再者,信主的人找人算命,是灵里的奸淫,这是神视为可憎的事。"

凡到我这里来的人,我极力要以神的道点醒他们,并栽种信心。有一天来了一位牧会者。他说有个问题需要获解,准备上山祷告神。经过一番交通后,疑问迎刃而解,欢欢喜喜地回家去了。

寻求咨询的人络绎不绝,连读书的时间都没有。我在家的时候,许多人前来咨询问题或接受祷告。于是一到假期,我只好带着行囊进到山里去。因为神学生应当专心以祈祷和装备神道为念。

顺从圣灵频繁禁食

意念上的罪也能除去

　　1979年8月,神学一年级放暑假的时候,我陪同教会主任牧师参加在迦南农人学校召开的"教牧者夏季大学讲堂"。天空一片湛蓝,院里的喷水池喷出美丽的水花,倍感清爽和惬意。几位牧师们在水池边一起谈笑风生。而令我吃惊的是,他们交谈的净是世俗的话题。我本以为牧师都是像主一样圣洁的。他们接下来的对话,更是令我震惊和失望。

　　"意念上的奸淫,就连我们作牧师的也难以对付,所以我认为意淫不算罪。"

　　"我也同感。行淫当然是罪,但意淫不能算为罪。"

我在读神学之前，就已通过禁食祷告，将奸淫这一罪性彻底根除，因此他们的话，令我十分诧异。由于除净了本性里潜藏的罪性，意淫自然也就消为无有，魔鬼、撒但便无可乘之机。神赐人"不可奸淫"的诫命，不就是因为人能守得住吗？

"只要凭着信心祈求，没有不能除净的罪性。可他们为何说不行呢？"耶稣明明说过："凡看见妇女就动淫念的，这人心里已经与她犯奸淫了"。又说"在信的人，凡事都能"，故我们只要凭信与罪相争，将罪抵挡到流血的地步，终必除净心里一切的罪性。

而且在课堂上，当学生提问时，教授们的回答也是如此：意淫防不胜防，不当为罪。但我心中暗暗立志：我以后定要教导圣徒明白并相信，靠神的恩典与能力，能够除去任何一种罪性。

"神啊，我向您谢恩。若是以前听了意淫不能除去的说法，我也许当真而不思对付抵挡，从而放纵淫念，终身得罪神。然而当我努力行道，恒切祷告，锲而不舍地作弃罪的工夫时，您终然把奸淫这一罪性从我身上彻底挪去。"

后来得知禁食合乎神的旨意

我进神学院读书的时候，也经常禁食，有时三天，有时七天，十五天，或二十一天。初信的时候，我是顺着圣灵的感动作了禁食。那时尚不懂得禁食的实意。领受执事职分之后，我才明白禁食祷告的意义并其益处。从此每当发现自己里头有非真理的属性，就作三天，五天，或七天禁食，竭力除净。

例如，由于从小养成的习惯，不经意间说了谎言，我就立刻进入三天禁食。禁食的苦楚，促使我更快速地离弃谎言，乃至心中潜藏的各种非真理的属性。

禁食后应进行补食

因为禁食后需要进行相应时间的补食，即吃粥，所以我几乎得不着吃饭的机会。频繁的禁食成为我的日常。在信主以后第一次参加的布道盛会上，初次了解到禁食祷告，但对补食一无所知。

当时，虽还不明白禁食的实意，但我顺着圣灵的感动，决定作七天禁食，就带着一张毯子和一本圣经上了清溪山。从祷告院往高处走一段路，有一间狭小的祷告室。室内潮湿，破旧的木地板上有很多破洞，到处有虫子爬行。

我每天在这里呼求祷告，完成了七天禁食。下山的时候，双腿发颤，身体摇晃，但完成七天禁食的欣慰感，使我并不怎么费力地走到公交车站。正好看见一旁有卖油炸食品的地摊儿。我就把车费留下，用剩余的钱买了几个炸面圈充饥，然后回到了家。

快给我饭吃

妻子把饭菜端来。"求主保守，我相信吃了米饭也能消化。"祷告已毕，我就一口气吃进了两碗米饭。虽有些担心胃会不舒服，但消化良好。

后来听到京畿道坡州市梧山里禁食祷告院成立的消息，便到那里进行禁食祷告。在三天禁食祷告期间，我参加那里的聚会，才得知补食的方法。讲道者说禁食后需要进行补食，要以稀粥和青菜等无刺激性的清淡素食为主。但这与我的观念不相符。

我想："这哪里是出于信心的话，有信的人还需要进行补食吗？"

禁食结束回到家里，和上次一样，作完祷告我就直接吃了米饭。不料，饭后脸部浮肿，身体出现异常。我立刻跪下来向神求问其原因。此时有圣灵的声音对我说：

"你之前还不了解补食的时候，我照着你的信心保守了你，但这次你已经得知补食的意义及其方法，却不顺其而行，这是一种骄傲的表现。"我对自己听了道而不顺从，诚然懊悔并认罪，即刻决定为此作禁食祷告。

禁食祷告的益处

禁食祷告是我们蒙神应允的重要途径之一，对我们信仰，乃至身体健康大有裨益。在禁食和补食的过程中，务须"攻克己身，叫身服我",否则容易半途而废。

通过禁食,可以逐渐断离"肉体",培养忍耐和节制的能力,渐渐变得清心无欲,灵性明锐。有了明锐的灵性,易蒙圣灵的感动、感化,并获深密的交通、圣灵的充满和属天的能力。在圣灵的充满中,醒悟自己未曾发觉的不足和欠缺,发现潜藏于内心深层的非真理属性。

经过火热的祷告,不仅能获解各种问题,也可以预防将来的试探和患难;时常体验到神"叫万事都互相效力,保守施恩造益与人"的奇妙善工。禁食的好处,还体现在身心健康上:通过禁食,胃肠得以休息调养,精神充沛清明。

通过禁食祷告,体验到神的应允,信心更得坚固,灵力倍加充足。禁食祷告是体验神能的捷径,凡事得胜的秘诀,提升信仰境界的重要途径。总之,禁食祷告是神的旨意,是成就神的国和神的义的具体方法之一。

合神心意的禁食祷告

神所拣选的禁食

禁食祷告是指除了喝水以外，不进任何食物，冒死向神祈求的一种祷告方式。要求专心至诚地呼求祷告。但10日以上的长期禁食，人不能任意决定，务要照神的旨意，顺着所赐的感动而行。

以赛亚书58章6节说："我所拣选的禁食，不是要松开凶恶的绳，解下轭上的索，使被欺压的得自由，折断一切的轭吗？"这里"凶恶的绳"是指偏离神的真道而导致的一切困阻或难处。意思是：我们所作的禁食若是可蒙悦纳，凡所求的都蒙成全，任何困难都能化解。但有的人按着人意，擅自进行40天禁食，从而得不到神的保守，出现严重后果。那么，如何才是神所拣选的禁食呢？

第一，心志恒定不变

在神面前定了禁食期限，就当坚守，不可更改。禁食过程中，因遇到某种事情而中止，或因耐不住痛苦而放弃，都是不相宜的。若因不得已的情况而被迫中断，就当选定日期重新禁食，以作补充。

人若向神许了愿，却因种种理由擅自更改或放弃，怎能取信于神，蒙神的爱呢？凡在神面前定了心志要行的事，不可改变，而当恒心持守。借以能够学会忍耐，并能取信于神，凡事行在神的旨意上。

第二，带着神言呼求祷告

有的人禁食时，在祷告上敷衍，睡觉上殷勤，这与绝食并无两样。这样的禁食是毫无意义的。禁食的时候，应当多多祷告，专心呼求，这样才能领受上头来的恩典与能力，能够顺利地完成禁食，最终所求蒙允，领受所赐的恩福。

好比人一日三餐，禁食期间应当一天祷告三次以上，领受所赐的"吗哪"和"活水"，被圣灵所充满，使仇敌魔鬼、撒但战兢退后。长期禁食则需要一天五次以上献上火热的祷告，领受圣灵的充满，并要殷勤读经听道，吸收灵粮。加上撕心的懊悔，专诚的祷告，便能领受神的恩助，获得充沛的灵力，以至得胜有余，所求蒙允（约珥书2章12-14节）。这样的禁食才是神所拣选的禁食，区别于表面行为上的禁食。

第三，不求私利

以赛亚书58章3节说："他们说：'我们禁食，你为何不看见呢？我们刻苦己心，你为何不理会呢？'看哪，你们禁食的日子仍求利益，勒逼人为你们作苦工。"

要求我们禁食时，当除去私欲，专心向神，得神的喜悦。禁食时看电视，求娱乐，抑或生气动怒，背后议论，这些都是神不喜悦的，所求难以蒙允。应当谨慎自守，除去利欲俗念，远离闲言空谈和一切不属乎真理的言行。

第四，当先求神的国和神的义

我们禁食祷告，若是顺着情欲，按着贪心求，非但所求不蒙应允，还会伤了身体。我们当求的不是世上的名声、权势、学问等，而是全然成圣、造就合神重用的器皿、拯救更多的灵魂、领受属天的能力以及各样恩赐。

这样，神所悦纳的祷告，是我们为神的国和神的义，为教会和治理教会的主任牧师，为主的仆人和教牧工人所作的祷告。

第五，要带着属灵的爱祷告

以赛亚书58章7节说："不是要把你的饼分给饥饿的人，将飘流的穷人接到你家中，见赤身的给他衣服遮体，顾恤自己的骨肉而不掩藏吗？"

神看着自己的儿女断绝饮食，向祂恳求仰赖，定会分外疼怜和惜爱。在此又加上美好的善行，践行主爱，必定更蒙悦纳，所求速速蒙允。

第六，以完整的补食收官

完成禁食后，要做完整的补食，才能算是合格的禁食。补食的期限要与禁食相等。通过完整的补食，能够获得节制的能力，且避免身体受损，确保身体健康。合神心意的禁食，不仅使身体更加康健，而且使灵性得以净化。

有人说，我肠胃好，消化力强，没必要作补食。但这是错误的想法。当我们作完整的补食时，神使虚弱的肠胃变得健康，而且在补食的过程中医治我们身上的各种疾病。

即使禁食作得完好，但若轻忽了补食，便会导致气力衰败，健康受损。补食时应避免过度操劳，消耗体力。禁食后或许会有试探来临，因此禁食时应当以祷告作好充分的预备。

正确的补食方法

　　补食时要特别注意的是饮食不可过量，否则会导致面部淤肿，肠胃损伤。人通常一日三餐，但喝米汤或稀粥时，最好是一日四次，一次一口杯的分量。

　　避免肉类、蛋类、面包、饮料，以及油、辣、咸、甜、酸，还要避免化学调料、香辛料等刺激性的饮食，尽量以青菜为主。

　　三天禁食后，可以直接喝粥，但长期禁食则先喝两天粥水，一日约四次。水果可以选择苹果。食用方法是，将一块苹果打成果汁，一日服用四次为佳。

　　三四天后逐渐增加稠度，可以加适量的米粉、南瓜或豆芽等，食量也逐步增加。菜以青菜为主，避免肉类和化学调料。可以适当食用鲜鱼以取代其它肉类，但口味要清淡。

　　以我的经验，辣椒叶、苏子叶、萝卜秧、白菜叶等青菜加上小银鱼熬成的粥，效果很好。尤其去皮的野苏子磨成粉熬成的米粥，服用后身体恢复效果十分明显。

顺着圣灵的指引而祷告

　　我由于生性内向，只要旁边有人，就不敢出声祷告。所以经常独自一人作通宵祷告。祷告约过三十分钟，就能领受圣灵的感动，得与神进行深层属灵交通。感动更深时，会口出方言赞美，举起双手唱和着"哈利路亚",舞起方言律动来。

祷告内容主要是为教会主任牧师和主的仆人、长老,乃至为教会的兴旺、灵魂的拯救、基督教界的发展、国家和民族的兴盛。到了末尾才为家人和生计作简短的祷告。

一有时间,我就上祷告院献上晨祷,而后爬到山顶整日呼求祷告。为了节省时间,通常不吃午饭,作禁食祷告。

大清早带着一张毯子上山祷告,傍晚下山在祷告院吃晚饭后,参加晚间的聚会。心中若有感动要禁食,我就不吃晚餐,继续禁食。

"况且,我们的软弱有圣灵帮助,我们本不晓得当怎样祷告,只是圣灵亲自用说不出来的叹息替我们祷告。鉴察人心的,晓得圣灵的意思,因为圣灵照着神的旨意替圣徒祈求。"(罗马书8章26、27节)

起初虽然对圣灵不甚了解,但我顺着圣灵的感动呼求祷告。神察看我的肺腑心肠,圣灵在心里头为我祈求。我便顺着所赐的感动和口才向神祷告。

蒙神恩助，预备教会开拓

经历信心的试炼

为了使我们全家人拥有更加完备的信心，神许可了信心的试炼。

1980年的某一天，时年六岁的小女儿守珍和姐姐一起在行路时，不料，与玩球正起劲儿，猛然转身抓球的一名高中生正面相撞。

守珍摔倒在水泥地上，发生脑震荡，随后昏迷。肇事高中生的父母闻讯赶来，抱着守珍一路奔跑到了医院。妻子也闻声赶来，医方表示要把孩子送往综合医院救治，并称孩子脑部损伤严重，急需动手术，但术后变成智障的可能性比较大。

当时我正在店里，从妻子的口中得知守珍当下昏迷不醒说胡话。但我凭着求神必蒙应允的信心，吩咐妻子把守珍带回家里来，不要送往医院。

同来的那学生的母亲满脸愁容，局促不安。她是做家政谋生的，生活贫困。我对她说些安慰的话后，把她打发走，然后把手按在孩子的头上作了祷告。祷告完了，守珍仍旧昏迷不醒，老说胡话，发出呻吟。直到次日也没醒过来，我们夫妻就通宵为她祷告。

到了周三，我正准备去神学院，蓦然听见后面有声音说："爸爸，今天是不是上教会的日子？"守珍苏醒了。

"神啊，我向您谢恩。您成全我的祈祷，使守珍苏醒过来。"

上完课，我匆忙赶到家里，守珍不见了。原来她去了教会，参加周三礼拜。

与大卡车相撞的二女儿

1981年，二女儿美京上小学二年级时，遭遇了一场严重车祸。当时美京刚下公交车，朝着路口走，正要过马路时，被一辆行驶的大卡车撞着。孩子被撞飞，爬倒在地，许多人跑来围观，司机急忙把孩子送往医院。

妻子到医院一看，美京脸肿得很大，下巴看上去成了两个，口腔烂得不成样，实在惨不忍睹。

医生说孩子伤势严重，需要住院治疗，但妻子把美京带回了家里。妈妈背上的美京，浑身血迹斑斑，睁不开眼睛，面部处处都是伤，触目惊心。而且不能进食，只能靠吸管一点一点吸吮牛奶等饮品。我小心翼翼地撑开她那被血粘合的嘴唇，只见里头血肉模糊，不忍目睹。

我恳切地为美京作了祷告。次日，美京依然带着伤上学，老师见了大吃一惊，劝她赶快上医院接受治疗。

我们夫妻为她禁食，并且通宵向神恳求。美京继续上学，而伤情一天好似一天。上学第二天她的脸部变青，呈淤血状，到了第五日结痂脱落，浮肿全消，口腔愈合，完全复原。

暑假期间，美京收到老师寄来的一封亲笔信。信中说：我看到你凭着信心专心靠神，不去医院，不吃药不打针，而你那么严重的伤，居然只凭祷告快速得到痊愈，使我不得不承认你所信的神是活神，是大有能力的真神。最后写道：我已决定参加教会，作一名基督徒。

妻子认罪悔改后，大女儿蒙神医治

1981年，大女儿美英正在读小学。暑假刚开始，我上梧山里祷告院进行禁食祷告。禁食结束回到家里，美英浑身生疮，十分严重。厚厚的疮痂遍满全身，仿佛披上一层松树皮，里头满了黄脓，从疮痂裂痕处渗出下流。稍一动弹，皮肤开裂，血就渗出来，只好一动不动地躺在屋角里。

妻子因为相信神的医治，始终不给孩子用药或者送医院去。

我给她祈祷，但美英没有任何效果。第二天祈祷也没有出现好转迹象，一连几天都是原样。

"耶和华的膀臂并非缩短，不能拯救，耳朵并非发沉，不能听见。但你们的罪孽使你们与神隔绝，你们的罪恶使他掩面不听你们。"（以赛亚书59章1、2节）

我仔细省察自己，但查不出可责之处。美英素来温顺乖巧，应该不会有何过错。我想起妻子近日由于繁忙，有些轻忽晨祷，便向神代求认罪。

经我劝勉，妻子也认罪悔改，随后我给美英作祷告，美英随即经历到神的医治。被黄脓覆盖的生疮部位，一夜之间变白，自动脱落，以至开学之前完全康复。这样，我们专心靠赖神的大能，神就免去我们一切的患难，使我们常享所赐的平安。

神使约伯通过毒疮的熬炼成为完全人，照样使我们一家人藉着此次熬炼，生命得以长进，信心更趋全备。我借以领悟到神熬炼人心，助长信心的大爱，由衷地向神谢恩。

临开拓教会之际，孩子们分别遭遇了三次大难，而这是满有慈爱的神旨在赐我们全家人更大信心的祝福试炼。

求您指示我当行的事

我乐于凡事认定神，求问神，并顺从祂的旨意。在读经时最令我受感的部分，是大卫专心信靠仰赖神的那些情节。

"此后,大卫问耶和华说:'我上犹大的一个城去可以吗?'耶和华说:'可以。'大卫说:'我上哪一个城去呢?'耶和华说:'上希伯仑去。'"(撒母耳记下2章1节)

"大卫求问耶和华说:'我可以上去攻打非利士人吗?你将他们交在我手里吗?'耶和华说:'你可以上去,我必将非利士人交在你手里。'"(撒母耳记下5章19节)

就像孩子询问父母那样,大卫凡事求问神,在细微的事上也寻求神的指引。每当大卫求问时,神犹如慈祥的父亲,仔细地指示他。我也力求凡事上求问神的意旨,神就以圣灵的声音细致入微地引领我至今。

四十天禁食祷告

1981年,神学三年级寒假,神感动我禁食四十天。在读神学期间,我博览释经专著和神学书籍。为了禁食祷告,我准备前往祷告院。我把圣经、赞美诗和几本讲道集放进行囊,准备出发,正当此时,我听到十分清晰的圣灵的声音对我说:

"四十天禁食期间,除了圣经和赞美诗以外,其他书籍一概不要看。"

我立刻解开行囊,把其他书籍都取出来,只带着圣经和赞美诗,启程前往梧山里祷告院。也许是正逢寒假的缘故,祷告院里聚集了数千名圣徒。天气异常寒冷,据说是60年不遇。

我每天参加祷告院聚会,而且一日三次按时呼求祷告,祷告时间分别为凌晨、中午和晚十一点。祷告室寒气逼人,屈膝祷告时感觉浑身都要冻僵了。但我每天坚持尽力向神呼求祷告。

祷告室四壁寒霜冰凌,仿佛冰窟。但只要经过三四十分钟的努力,便有神的恩典与能力临到身上,就能凝神专注地呼求一两个小时。

由于从初信时起经常作五天、七天、十五天、二十天禁食,尤其进入神学院后更是频繁禁食,便也相信这次四十天禁食也能在神的帮助下顺利完成。

我为神的国和神的义祷告,并为获解神道的奥秘而恳切呼求,还为领受上头来的能力而祷告。因为身为蒙召的主仆,若是单靠自己的能力,所做的圣工必将徒劳。我还着重为开拓教会祈求,神就赐我宏大的异象,就是要藉着我成就实现世界福音化的教会。

"这个世界上有很多像你过去那样承受贫病之苦的灵魂,愿你成就广行施舍救济的祭坛、医治众人灵魂和肉体的祭坛、传扬福音直到地极的祭坛。"

"你是我所选召的人,我必照我的旨意,作你从始至终的引导。我要指示你开拓教会之后当行的事……。"

由于曾经长久承受病苦,我比任何人都理解病人的苦衷。我意识到:若想在这罪恶满盈的末时,给不信的人栽植信心,使有病的人得蒙医治,使受捆绑的人获得释放,必须从神领受无限的权能。

"主啊,求您赐我影儿照身,触摸衣裳,就能使众人得医治;

一声叱令，就能使仇敌魔鬼战兢退后的权能。"

神垂听我火热的祷告，向我承诺必将制伏仇敌魔鬼的权能赐予我。从此，我的梦想就是使无数灵魂认识并归信我们独一的真神，消除病痛，摆脱贫穷，远离忧愁和恐惧。成就向世界宣教、作主见证、传扬主的救恩直到地极的教会。

为了成就世界宣教的异象，必不可少的是无所不能的权能。我羡慕摩西、约书亚、以利亚、以利沙、彼得、保罗等蒙神厚爱和重用的先知、使徒们所具备的能力，恳切向神祈求仰赖。

而且恳求主的仆人所必备的讲道恩赐，使讲道满带着权柄与能力。同时也求圣灵的十二种恩赐（哥林多前书12章）。

可是第六日起，我突然失去了神的帮助。神不再托住我，仇敌魔鬼趁此进行搅扰。七八天过后，出现头晕，手脚痉挛。精神恍惚，夜间失眠。要是继续这样下去，精神会不会崩溃！我极力提起精神，清醒脑子。我又梦见有人强制给我喂饭。梦醒后，我因着此梦刻苦己心，向神悔改。

我怕自己万一有闪失，使神的名得到羞辱，从而也曾考虑是否应该中断禁食。但又觉得不妥，因为此时停下来，以后还得从头再来，便以"死就死吧"的决心继续坚持下去，日日忍受着痛苦的煎熬。

坚持九天，那些症状全都消失了。然而过了二十天，我已气力殆尽，圣经也读不下去，于是买了一本讲道集，但读了几页，仍是读不下去。进入祷告室准备要祷告，却一点力气也没有，无论怎么努力祷告，仍然力不从心。

"主啊，求您赐我呼求祷告的能力。"

我不停地挣扎着要使祷告进入状态，不知过了多长时间，骤然听见叩击我心灵的一个声音：

"我不是吩咐你，除了圣经和赞美诗以外，别的书一概不看吗？为何动用人意，读那些出于人意的书？"

"神啊，求您饶恕我对您的不顺从，我以为这本书看也无妨。"

由于读经困难，想换换别的书读一读，不料这却成为了不顺从。我幡然醒悟，向神认罪痛悔。随后神的恩典临到，我便重新得力，能够继续祷告。

到了第二十八天，我已是瘦得几乎剩下皮和骨。体重明显减轻。第三十天，由于肠道粘连，喝水下不去，胃胀得难受，喝少许水也反胃，呕吐带有黑色的死血，疑似肠道血管干裂导致。

到了第三十二天，上小学的大女儿来看我。我恐怕自己经常呕吐会烦扰同住的几个室友，便和女儿一起回到家中，并在附近租住一所单间小屋，在那里继续作禁食祷告。这次禁食十分艰难，是对我毅力的极致考验。

但到了第三十九天的晚上十一点，所有痛苦瞬间化为乌有，上头来的能力临到我的身上。神恩临到，力满全身，仿佛一切都复原了。我沐浴洁身，更衣梳理后，于零点时刻，与家人一同献上了感恩礼拜，为这长达四十天的禁食画上了句号。

神练我刚强，如老鹰训雏

过往每逢禁食都有神的恩助，而在此次四十天的禁食当中却是例外，当我求问神其原因时，神的声音临到我说：

"你这次四十天的禁食，并非我向你掩面，而是特意要熬炼你。从前蒙我恩助之时，你平平安安地完成禁食，而这次是在没有我帮助的情况下，单靠你自己的毅力和忍耐完成了禁食，所以相比之下，通过这次禁食所获的能力是加倍的。"

就是说，神之所以使我单靠自身的毅力胜过此次禁食，旨在磨练我的意志力和忍耐力，将来能以胜过任何一种试炼或苦难。我忽然想起申命记32章11、12节的经文：

"又如鹰搅动巢窝，在雏鹰以上两翅扇展，接取雏鹰，背在两翼之上。这样，耶和华独自引导他，并无外邦神与他同在。"

鹰通常搭巢于悬崖之巅。当雏鹰生长到一定程度时，母鹰要对雏鹰进行飞行训练。母鹰搅动巢窠，将雏鹰推向巢外，雏鹰还来不及作出反应就已经开始坠落，它只好在空中奋力抖动双翼，在雏鹰就要坠地的危急时刻，母鹰迅速飞去，及时接取雏鹰于它扇展的双翅之上。经过反反复复的训练，雏鹰最终学会飞行本领，获得在大自然中赖以生存的能力。想到神对我这般慈恩爱怀，我不禁潸然落泪。

第五章
教会开拓

装备神道三年

受邀为布道盛会讲师

神呼召我作主的仆人时指示我说:"我熬炼你三年,你要装备神道三年"。"三年熬炼"仔细一算:自1974年7月10日父亲生日那天闹离婚事件,到1977年7月9日锦湖洞市场门店开张,生活趋于安稳,正好满三年。

而起初我不明白:神学院学制四年,为何三年装备神道?后来才得知其因。1982年2月,应马山一万教会主任牧师的邀请,我带领了第一次布道盛会。时年3月1日,神学院三年级学期快结束,也就是二月份的最后一周放春假之时,正是满三年。

"传道师，我邀请您到我们教会带领布道盛会。"

"我现在还不是牧师，只是一个神学生，带领布道盛会实在不配。您还是请别人吧。"

"不！我一直为布道盛会祈求，神已感动我邀请您来我们教会，这是神的旨意，请不要推辞。"

"若是神的意思，我祈祷必得确认。"

我作为一名神学生，未曾带领过布道盛会，心里实在没底儿。于是上梧山里祷告院禁食三天求告神。神垂听我的祈求，赐我确信和充沛的胆力。回到家里，我屈膝向神祈求："主啊，求您赐我一周的布道信息。"我突然被圣灵感动，灵思畅通，历时一个小时领受了包括凌晨礼拜在内的所有讲道信息，内容具体而详细，总共十一篇。

"你从前不是读过某某书吗，你可以化用其内容，作为比方。"我曾经读过哪些书，神都知道，令我又一次惊叹神的奇妙。我认识到：只要神与我同在，就没有难成的事。我埋头整理讲章，从绪论、本论到结论，均按所蒙的启示列出。

我凭靠神的大能带领布道盛会，圣徒们的反响热烈，纷纷表示大蒙恩典。都说通过证道信息，心灵获得更新，困难得到解决。

以此次盛会为起头，我经常应邀到各处引导布道盛会，随处伴随奇事和神迹，神的大能如大风过岗，席卷整个会场。

成功的牧会

神学院四年级的时候，同学们各自为开拓教会作准备。各人殷勤参加教会成长研习会、教会兴盛范例研讨会等，忙于搜集有助于教会开拓的各种信息。

"李传道师，光靠上山禁食祷告，怎能作出有能力的事工，和我们一起去学习深造怎么样？"

好多同学这样劝我。学习关于教会成长的知识、经验和方法或许有所作用，但我的想法和他们不同，我寻求的不是人的经验和窍门，而是神在圣经中所指明的教会成长之道。

圣经记载彼得、保罗等神所认可并重用的神人，无论得时不得时恒切不住地祷告，专求圣经的启导指引，一心致力于传道圣工。

使徒行传8章26节以下记载，腓力被神的使者引到旷野，遇见在埃塞俄比亚女王干大基手下总管银库的太监，就顺着圣灵的指引，给太监释解以赛亚的书，又传与耶稣基督的福音并给他施洗。

保罗得知圣灵禁止他们在亚西亚传道，便顺服圣灵的指引前往马其顿（使徒行传16章6-10节）。

由此可知，圣经所显明的旨意是：神的仆人由神亲自指引和带领。我悟出成功的牧会关键在于与神进行深层交通，专心遵从神的旨意。于是专心以祈祷为念，力求领悟神道所包涵的灵意。

妻子用爱心看顾群羊

1982年3月，四十天禁食已毕，补食结束，迎来了开学季。新年我们教会对区域组织进行改编。我的妻子作了带领人，安爱子执事担任区域长，区域成员共五名。

到了4月，区域成员增加到二十五名。妻子殷勤传道并探访圣徒。而且妻子和安爱子执事在一位圣徒家里，每日定时举行祷告会。由此，圣徒们家庭问题得以解决，家人领受福音参加教会。

妻子做菜手艺不错，每逢聚会，她就用精心制作的清爽可口的冷面、豆浆面等美食招待圣徒们。每到主日早晨，又打发三个女儿到各家提醒圣徒到教会聚会。

若有礼拜时间临近还不到教会的，孩子们再次登门去催。他们不忍推辞，就跟着孩子们到教会来参加礼拜。妻子通过牧养区域成员，培养了作师母的资质。

手头只有七千元

因神的旨意

然而意想不到的事情发生了。3月1日,在我读四年级的时候,素来客流量大、座位爆满的书店,突然变得冷清,无人问津。

起初以为自己或有什么罪墙与神隔断,便仔细祷告查验自己,相信明日会有所好转,但次日,再次日,店里依然冷冷清清。

我们夫妻恳切向神祈求,但毫无效验。光有支出,没有收入,最后连保证金也倒贴进去。后来才知这是神的旨意。除掉各种税金,剩下只有七千元(约合人民币40元)。

众人慕名而来解脱病苦

"美英妈妈,什么事情让你天天这么快乐?"

妻子因自己医治无望的丈夫靠神的能力一次获得痊愈,归信了耶稣,每天都活在快乐与幸福之中。

纵然明日的饮食还没有着落,也不着急烦恼,依然感恩度过;不论洗碗,还是作什么,赞美不绝于口。随处见证自己所经历的神,殷勤向人传福音,在圣灵充满中度日。

开拓教会之前,我们一家在街坊邻舍中传为佳话。随着我的名声不断传开,慕名前来接受祷告的人也越来越多起来。

1982年4月,一位女圣徒前来求神的医治。她身体枯瘦如柴,因先天性心脏病,喘息困难,从小难以正常走路。"传道师,我生孩子第三日起,身体浮肿更加严重,病情每况愈下,连抱孩子都感觉困难。"

"只要凭信接受祷告,必蒙神的医治。"

这位女圣徒只经过一次祷告,心脏病得到痊愈。她叫金星子,是位劝事,现为本教会祷告祭物联合会成员。

某一天,一位中年女子来到我店里。她风闻关于我的消息,经过多方打听,找到了我的住处。她有个二十出头的女儿,名叫李敏秀,股骨错位,双腿长短不一,走路一瘸一拐,且伴有剧烈的疼痛,一直靠杜冷丁止痛。而经过长期使用,身体产生耐药性,以致最强效的止疼药也不起作用。母亲每日因女儿整夜受苦,请求我为她女儿作医治祷告。

有一天我到她家里带领探访礼拜，圣灵指示我为她祷告二十一天。我虽然白天上课，晚上又作彻夜祷告，十分忙碌，但我在这二十一天，坚持每日给她们证道，栽植信心，并作医治祷告。

她的女儿信心渐长，停止服用一切药物，专心依靠神的大能，第二十天，她的病痛彻底消失。次日，她的女儿作见证说：

"传道师，我家房子过于老旧，阁楼和天花板上有很多老鼠。经常听到它们"吱吱"乱叫，夜间还在房间里出没，闹得一天不得安宁，烦恼不堪。可是昨晚做了一个梦之后，早晨起来就发生了奇迹……。"

她们家里老鼠泛滥成灾，采取投放鼠药等各种灭鼠措施，都无济于事。她身上有病，神经过敏，因着鼠患，夜不成眠。

但昨晚梦见我给她作祷告，就有老鼠大小成群地向外逃窜，最后有一只硕大的老鼠出去，随后身上的疼痛突然消失，阁楼上的老鼠也的确一个不剩地都逃遁了。母女二人以激动的神情赞叹神的奇妙。

几天过后，这位妇女又来找我。

"传道师，我的女儿生命垂危，请您快到我家为她祷告。"

时值大半夜，到她家里一看，她的女儿在地板上痛苦地打滚。禁食三天，本应补食三天，但她禁食结束，头一天就吃了炸鸡，导致伤食。

当我恳切地为她按手祷告时，在清晰的灵感中看见塞住肠子的骨头渐渐消化的情形。祷告已毕,她吐尽了腹中的食物,随后喘了一口气,气色得以恢复。

造就洁净的器皿

我为了除净各样的恶,全守神的诫命,频繁禁食,恒切祷告。我心中便渐渐结满圣灵的九种果子,显现各样圣灵的恩赐与异能。

我一直以来求神使我明白祂的旨意。满了七年,祷告蒙允,神为我预备了一位代言者。1982年4月,被我妻子带领归主的一位女圣徒来见我。

"传道师,半夜听见有人喊我名字三遍,醒来看见神显现在耀眼的光辉中,指着您说:'我拣选你,使你的名声传遍万邦,你要向全世界作我的见证。'我不知道这是何意。"

她当时还不熟悉圣经,《创世记》、《马太福音》还没听说过,只是有过藉着祷告胃病得医治的体验。在以开拓教会为专题的祷告聚会上,神的话语藉着她的口释放出来。与呼召我作主仆时所说的话完全吻合,令我大吃一惊。

"……你不是一直求圣灵的各样恩赐吗?这些我已都赐给你,你要祷告,你要感恩。"

不仅如此,我一直以来私自作的祷告,连我妻子也未知的内容,通过她的口如实地讲出来,我便可以确定神将代言的恩赐赐予了这位圣徒。从此我相信是神藉着她口中的话来指示我。我一直恳求神赐我圣经哥林多前书12章8-10节所记载的圣灵的九种恩赐，以及看异象、能透视、说预言等各样恩赐。

何为代言？

圣经揭晓神向人传递信息的各种方式：或以神的声音和圣灵的声音，或者通过某个人或天使为媒介，还有一种是代言。

"耶和华的灵（原文作"手"）降在我身上，耶和华藉他的灵带我出去，……他又对我说：'你向这些骸骨发预言说：枯干的骸骨啊，要听耶和华的话。主耶和华对这些骸骨如此说：我必使气息进入你们里面，你们就要活了……。'于是我遵命说预言。正说预言的时候，……。"（以西结书37章1-28节）

"……因为预言中的灵意乃是为耶稣作见证。"（启示录19章10节）

代言本意为代表别人发言。圣经中代言有两种：一是给人代言的，二是给神代言的。神指派摩西的哥哥亚伦作摩西的代言者，这是给人代言。

以西结书37章记载，耶和华的灵藉着以西结说预言。这是人被圣灵感动说出神的话来，故带着命令和指示的口吻。代言是神的灵即圣灵藉着人的口传达的圣言，是神认定和保证的，是真确可信的。

那么"预言中的灵意乃是为耶稣作见证"是什么意思呢？人藉着圣灵说出真理，便是为耶稣作见证，因为耶稣就是真理。

以西结先知遵着神的命说出预言,现今若有合神心意的代言者,我们便也能领受神丰富的启示。

　　耶稣说"除了父,没有人知道子;除了子和子所愿意指示的,没有人知道父。"(马太福音11章27节),这段话表明耶稣愿意将奥秘的事启示与我们。

　　使徒保罗说:"我自夸固然无益,但我是不得已的。如今我要说到主的显现和启示。"(哥林多后书12章1节)若能像使徒保罗那样得蒙神的启示,我们对神会有更深的领悟,并能预知将来的事。预知将来的事,我们便能警醒自守,为迎接再临的主做好准备,不叫那日子临到我们像贼一样。

领受开拓教会的旨意

开拓筹备祷告会

在开拓教会的筹备过程中,多次举办了祷告聚会。头一次是在安爱子执事家里举行,聚了很多人。

第二次是在我家里举行,聚会时有一胳膊骨折的人得蒙医治,当即卸掉石膏;另外一位多年不孕的女子,接受祷告后,不久后传来了怀孕的消息。

第三次是在山上举行。聚会有四十余人,其中有好些神学生和主的仆人。当时有一位在白氏医院接受脊椎手术,后来又复领受教会的旨意而处于病危的妇女,因渴望蒙神医治,在别人的帮助下,上山参加聚会。在接受我的祷告之后,她即刻得到了痊愈，自己走下了山。

第四次祷告聚会也在山上举行。许多神学生闻讯前来参加聚会。"此次聚会结束，你必遭受试炼。但不要忧虑，只要凭信祈求，我必赐福于你。"

不久，试炼果然来临。1982年6月，期末考试结束回家，不料神学院教授突然到访。不辞远路专程来访，必有十分要紧的事。

"我从前也经常上祷告院祈祷，对灵界有所了解，对恩赐也有一定的认识。我知道李传道师深悟属灵的境界，拥有各样圣灵的恩赐。可是当你正准备开拓教会时，就有仇敌魔鬼、撒但百般的搅扰。我建议你还是趁早撤销开拓教会的计划。今天校方针对你的事召开教授会议，大家决议把你开除。但我知道你是冤枉的。"

仇敌魔鬼阻扰开拓教会

教授仔细讲述事情的原委，我才得知非但我的班主任教授，就连我的教会牧师也对我持怀疑的态度。

"李传道师，据说你上山祷告时自称基督；而且带一个主的使女去，给主的仆人们按手祷告，是否属实？"

"我从未自称基督，也未曾给主的仆人按手。"

由于我给人们祷告时，显现许多医治的功效，有一个同学出于嫉妒，向主任教授谗言诬告我——"李载禄传道师在拉帮结伙，结党纷争,甚至自称基督。"

流言迅速传开,而且添油加醋,越传越离奇。甚至教我四年课程的教授们居然也轻信那些荒谬的谣传,同意对我进行除名处分。而我没有向人诉冤,更没有为自己辩白。虽然按现实的处境,似乎眼前一片昏暗,但我凭信向神祈求仰赖时,神对我说"只管心存感恩和喜乐,并要以爱心为他们祷告"。

9月份开学到校,听到同学之间因我的事发生了激烈争辩的消息。最终造谣诬陷我的那个同学自省悔悟,决定休学一个学期。

我找他表示我对他没有半点怨恨,并且劝他不要休学。原来这一切都是神亲自动工,暴露陷害我的阴谋,化解一切问题,显明我的清白。在我献上创立礼拜那天,包括许多教授在内的曾经误解我的人们,纷纷前来表示庆贺;后来毕业感恩典礼在我们教会举行。

获名万民教会

由于年纪已大才上神学院,我打算早点开拓教会,便从神学一年级开始求神赐我教会名称,但很久没有回应,直到开拓之际,才蒙了应允。

"你要给教会起名叫万民教会。到时你们进行圣地巡礼时,会得知我赐你'万民'称号的用意。"

1989年,在第一次圣地巡礼途中,我们来到客西马尼园。客西马尼园是耶稣为了背负十架拯救万民而恳切祷告，以至"汗珠如大血点滴在地上"的圣地。此处有一所教会正是名叫万民教会（或称万国教会），神的话就此得到显应。

神差遣耶稣基督作挽回祭，救赎天下万民。在这末时，神又拣选我们教会，取名叫万民教会，要藉着我们和所赐的圣洁福音成就全球福音化。开拓初期教会名称是万民教会，而随着时间的推移，支教会渐渐增多，便改称万民中央教会。

何必选择这条苦难之路？

"传道师，何必要走这条路？你知道开拓教会有多艰难吗？"

"最初几年连温饱都成问题；交不起学费，儿女要失学。况且这年头发展信徒有多难，教化信徒有多累？希望你还是继续和我们一起服侍这个教会。"

"传道师，开拓教会必要付出血泪的代价。"

当我要开拓教会之际，许多人这样劝阻我。在现实中，开拓教会后陷入困境的确实不在少数。很多牧会者借资兴建教堂和设施，却因教会成长低迷而债台高筑，身陷痛苦和绝望之中。

但我因信全知全能的神，心志毫不摇动，只是恐怕相劝的人尴尬，没有当面反驳而已。但我心中默默回应："我开拓教会必得亨通，拯救无数灵魂，教会迅猛发展，使神的名大得荣耀。"

经上说"我靠着那加给我力量的,凡事都能作"(腓立比书4章13节)。神向我们承诺"照着你们的信给你们成全"(马太福音9章29节),并且应许照我们凭信所种,赐三十倍,六十倍,一百倍的收成(马太福音13章8节)。

经上记载,蒙神厚爱和重用的摩西先知或使徒保罗,神时常与之同工,在众人看来如同神一样(出埃及记7章1节;使徒行传14章11节)。

我们只要得神的同在,就没有难成的事。我坚信:只要专以祈祷与传道为念,一心遵从神的旨意,神必满足我们一切的需求,包括开拓资金、教会运营资金、聚会场所,以及各领域的工人等。我带着"靠着那加给我力量的,凡事都能作"的信心和远大异象作具体的祷告,并且开口宣告自己的信志。

顺从圣灵的带领

1982年5月,神指示我要在太阳最炽热的时候开拓教会,而且指明地点为铜雀区新大方洞。我当时还不知新大方洞在何处。经过多方打听,找到了新大方洞。这是尚未开发的地段,鲜有楼房或民宅,街头冷冷清清。

那里正好有一处尚未完工的房屋对外出租,面积大约二十五坪,保证金三百万,月租十五万。经过与房主磋商,租金降到十二万元。

早有预备的神

神通过安爱子执事预备了开拓资金。当时安爱子执事每天坚持祷告五个小时。她从前心里许愿把儿子遭遇车祸所领的三百万元赔款奉献给神,作为建堂所用。

谁料,不信神的丈夫把这笔款用在了别处。安爱子执事时常挂念此事,决心以后必把这三百万元作为建堂奉献金献上。

当时由于丈夫的家具厂不景气,把房子抵押给银行。若不及时还贷,房子将被廉价处理。于是出价两千万挂售,但许久无人问津。降到一千五百万,仍无买主出现。

然而在三角山祷告聚会时,神的话临到安爱子执事,说:"禁食三天后把卖房信息挂出去。出价要高于现价,我必照着你的信心成全你。成交后把三百万元奉献给教会,用于开拓资金。"

房子挂售数年无人过问,居然加价数百万,着实令人费解。安爱子执事禁食三天,经过一番考虑后,加三百万,出价一千八百万。房产中介一脸惊讶。

谁料安爱子执事从房产中介所回来的路上,有人要和她一同去看房子。那人见了说终于找到了称心的房子,当场签约。房子以一千八百万元的价格成交。事后安爱子执事惋惜地说:当初提到两千万应该也能卖出去。在神的指引下,她以高价卖出长期滞售的房子,不仅还清了所有债务,而且如愿以偿把三百万作为教会开拓资金奉献给神。

彻底悔悟想要倚靠人的念头

开拓教会时，我数算了一下，能够支持我的亲朋好友至少有四十多人。我想他们都是我的亲人，是向来爱护我的，开拓礼拜时定会前来参与。

但现实恰好相反。1982年7月25日，开拓礼拜那天，他们竟一个人也没来，让我十分意外。连生性善良一向守约的姐姐们也没到场，我这才醒悟到，是神拦阻了此事。因祂不愿我倚靠兄弟姐妹。

"主啊，感谢您使我醒悟到自己有依赖亲人的倾向。我曾怀有倚靠人的念头，求您饶恕我。今后我必照您的旨意，单单信靠神而不再依赖人，凡事只祈求仰赖您的大能。"

献上开拓礼拜之后，我认清自己有倚靠人的心意，便彻底认罪痛悔在神面前。之后我每日坚持通宵祷告，求神使圣徒人数天天加增，结果每周都有许多新人登录，圣徒渐渐填满圣殿。

从无起步的开拓礼拜

信心是宝中之宝

献开拓礼拜的圣殿是一所尚未完工的毛坯房。粗糙的水泥地面,没有玻璃的窗户,空荡荡的室内,连一个讲台也没有。房间总共二十五坪,隔出一片作祷告室,其它空间一半用作居室,另一半用作圣殿,只有十多坪的面积。

开拓礼拜时,参加人数共有13名:包括我一家人,壮年9名,小孩4名;不算我一家人,只剩寥寥几个人了。我以"信心是宝中之宝"为题证道。万民中央教会就这样从"无"起步。

教会刚刚起步,资金紧缺,开销很大。可我不曾向亲戚或其他人伸手求助,而单单求告仰赖我的神。我决心:万一得不到神的供应我就禁食。但缺少食物的日子,神必通过一些人来供养我们。比如夏季我爱吃的西瓜,从未缺短。

每日同心合意祷告五六个小时

献上开拓礼拜后,一周奉献金只有三到四万,还不够交房租。我们每天四五个人聚在殿里,同心合意呼求五六个小时。没有信徒,便无需出去探访,大家聚在祷告室,倾心尽力恳切呼求祷告,以致汗流浃背,衣衫湿透,可以拧出水来。

正如耶利米书33章3节所说"你求告我,我就应允你,并将你所不知道、又大又难的事指示你",神垂听我们恳求,使圣徒人数不断加增,各种圣物器具逐渐备齐。

"求主赐我们麦克风。"

祷告一周,就有人奉献麦克风。下周大家求电话机,也一样得到了应验。当时圣徒为数不多,神就通过周五彻夜礼拜来作工,外部圣徒们参加礼拜蒙了恩,就凭着感动纷纷奉献圣殿所需的器物,包括帷幔、讲台、钢琴、风扇、十架塔等。开拓两个月,教会所需的器物便一应俱全。

照着使徒行传所记:神的仆人当"专心以祈祷传道为事"(使徒行传6章4节),我把圣殿和教会一切事务全都交给圣徒们料理,自己专注于祈祷并装备神的道。由于当时对神道的认识并不深,我必须经过祷告,在圣灵的感动中领受启悟才能上讲台侍奉。我依照神所启悟的道,在周五彻夜礼拜和主日礼拜上宣讲证道。

虽然口才欠缺,但我讲的道都是纯净的属灵真道,圣徒们借此生命得到更新,信心得以长进,凭着真实的信心遵行神的道。众人因着遵行神的道,信心快速长进,所求所愿及时得到应允。开创教会后,神每周吸引新人加入。圣徒们聆听属灵真道,灵命得以更新,通过周五彻夜礼拜上显现的神迹,灵恩充溢,信心成长。

从圣经中找到答案

开拓教会时,我从圣经中寻找典范的教会形像,认定使徒行传所记载的初代教会,正是我们众教会的榜样。初代教会由蒙主亲自教导的使徒们所建立,凡事照主的旨意而行,从而得神的喜悦,得救的人天天加增。我将初代教会作为我们直到主再来那日,当恒心效法和追赶的标杆。

神所认定的最佳教会,是模成初代教会形像的教会,并不在乎外观规模或信徒数量。初代教会遵从神所喜悦的旨意。我们只要努力模成初代教会,就必蒙主赐福,教会获得日新月异的兴旺发展。

"众人都惧怕。使徒又行了许多奇事神迹。信的人都在一处,凡物公用,并且卖了田产、家业,照各人所需用的分给各人。他们天天同心合意恒切地在殿里,且在家中擘饼,存着欢喜诚实的心用饭,赞美神,得众民的喜爱。主将得救的人天天加给他们。"(使徒行传2章43-47节)

初代教会"天天同心合意恒切地在殿里"。我们也效法初代教会,每天在殿里聚会,同心合意祷告,分享灵粮(约翰福音6章48节),践行主爱,传播福音真道。神时常与我同工,用神迹奇事随着,证实所传的圣道,从而每周都有新友登录,教会取得迅猛的发展。

单单倚靠神的话

教会开创之初,支出一张千元纸币(约合6元人民币)都要精打细算。路加福音6章38节说:"你们要给人,就必有给你们的,并且用十足的升斗,连摇带按、上尖下流地倒在你们怀里;因为你们用什么量器量给人,也必用什么量器量给你们。"对这一蒙福的法则深有体会的我,凭信依从神的话,力行施舍周济。

当时教会按月支付十二万元的圣殿租金,还资助十名神学生,资金十分紧缺,但我凭着"神必充足我们所需"的信心,教会开拓两三周后,每周从奉献金里取出一定额度,帮助那些同属一个教团刚起步、有困难的教会。

献上教会创立礼拜后,我们各人许愿为兴建神学院奉献一百万元,并在指定期限内攒足一百万元进行资助。我们照着神的话语,把教会打造成一个广行施舍的教会。

"若不看见神迹奇事，
你们总是不信。"

创立礼拜

当我为创立礼拜祷告时，神指示我说："要在五谷丰登，霜降初至前献上创立礼拜。"我们就照神的吩咐，于1982年10月10日主日这一天，献上了创立礼拜，此时教会已拥有100多名圣徒。

自教会开拓以来，在神的作工下，教会人数逐周递增，圣殿越来越拥挤。周五彻夜礼拜有100多人聚集，十五坪聚会空间已爆满，进不来的人在祷告室或阶梯上参加礼拜。从教会创立礼拜之日起，我们加租地下一层，扩充聚会场所。

当我为圣诞节活动祷告时，神差遣有才能的人，编排圣剧，使圣诞节活动得以成功举办。具有插花手艺的人装饰圣坛；擅长舞蹈律动的演员，教主日学学生们律动……。不久，教会具备了圣徒们独立筹备活动的能力。

我当时在神学院还没读完，边上学，边作工。一个人要在包括凌晨礼拜在内的各种礼拜上讲道，一周需要准备的讲章多达十多篇。虽然经常作彻夜祷告，但每日凌晨四点我照常准时带领晨祷礼拜。医治的神迹随处大大彰显，消息很快就传遍四方，寻求医治的病人从全国各地聚集而来。我每天多次逐一为众多病人祷告。

恩光临到患难疾苦不断的家庭

金永锡圣徒在信主之前嗜酒如命，每天一下班就和朋友去找酒喝。因经常咳嗽，上医院就诊，查出是淋巴结核。医生告知需要手术治疗，术后还得一年以上的疗养。但他因家庭条件不允许而放弃手术。他的妻子也饱受疾病之苦，患有产后膀胱炎，后又得了肾炎和低血压。加上女儿又得了热病，妻子不堪承受接连不断的灾患，悲观绝望，企图自杀。

1982年10月，金永锡圣徒听信神迹的传闻，来到我们教会报名登录，并且为自己设定十天早晨一顿禁食和晨祷。其间他经常高烧四十度，咳嗽也很厉害。但他看着许多患者得医治的神迹，就有

创立礼拜

了必蒙医治的确信。

我经常抽空给金永锡圣徒祷告。到了第十日,高烧退了,咳嗽止了。他带着病已好了的确信,到医院接受检查。果不其然,体内结核菌已不存在了。他就这样经历了神的医治,身上的病菌被圣灵的火焚烧净尽。

之后,他妻子也在教会登录不久膀胱炎得到医治;女儿的热病也得了痊愈。金永锡圣徒为了报答主恩,选择攻读神学并作了主的仆人,至今在我们教会为主效力。

圣经上的神迹如实显现的周五彻夜礼拜

周五彻夜礼拜,超越教派,人们从全国各地慕名而来。狭窄的圣殿空间里,人头济济,水泄不通。众人被圣灵充满,身心火热,升腾的热气在天花板上凝成水珠往下滴落。

圣徒们汗流浃背地热切祷告,唱诗,晚上11点开始的礼拜,通常到了凌晨6点才结束。

每次周五彻夜礼拜,有许多病人当场得到医治。众人亲眼目睹重症患者经过祷告随即行走跑跳的奇迹。聚会人数自然就愈发多了起来。

医院宣告不治的人们,来到教会得到医治;拄双拐的人行走跳跃。甚至瞎子看见,哑巴说话,不孕成胎;手臂骨折的即刻痊愈,活动自如。

白血病人得蒙医治

有一次,一位脸色苍白的妇女前来请求祷告。此时她已病入膏肓,医方断定顶多能活半个月。从她口中得知,她信主是从参加主日学开始,后来有一不信神的男子向她求婚,她对那男子表示"信主是我择偶的首要条件"。之后那男子在教会报名登记,并做起了信仰。

女方以为那男子虔诚信主,便与之结婚。然而结婚没过几月,婆婆逼着她说:"我们家祖祖辈辈信佛,你必须皈依佛门。"并且逼她同去寺庙拜佛。女子不从,谁料丈夫也同婆婆一起加以逼迫。禁止她上教会,甚至对她行使暴力。而且家里发生什么灾患,就都归咎于她。

她甚至多次被赶出家门,但每次都能坚强地挺过来。然而当她得知丈夫出轨以后,就再也承受不了,最终放弃上教会。她心里明知不妥,却没有勇气再回到教会,每天在忧苦烦闷中度日,以致积忧成疾得了白血病。

尽管她不再去教会,但丈夫依然在外风流淫混,向她施暴。

她患有白血病,而丈夫和婆婆漠不关心,连一句去医院看看的话都没有。医方宣告不治,她决定最后一次仰赖神,闻讯前来接受我的祷告。

神恩待她,使她接受祷告后,随即得到痊愈。几天后这位妇女带着健康的脸色来见我,表示感激之情。

耶稣在开展传道圣工期间,医治百姓各样的病症,彰显瞎子看见,死人复活等许多神迹,而且说:"若不看见神迹奇事,你们总是不信。"(约翰福音4章48节)

"奇事"是神驾驭气象的大能之显现。约书亚时代基遍战役时,太阳在天当中停住一日之久(约书亚记10章31节);通过以赛亚先知的祷告,日晷向前进的日影后退十度(列王纪下20章11节);东方博士被星引到伯利恒(马太福音2章)等事件,均属于奇事。

关于神迹

神迹是指神显现的奇迹。神迹分为两类，一是圣父作为主体所显的神迹，二是圣子和圣灵作为主体所显的神迹。圣父所显的神迹主要记录在旧约圣经中。

马可福音13章22节说："因为假基督、假先知将要起来，显神迹奇事，倘若能行，就把选民迷惑了。"这里"倘若能行"是假设，意指不可能行。即假先知没有能力行神迹，如果能行，他们就把信主的人迷惑了。

圣父作为主体所显的神迹包括出埃及记中记载的十灾（申命记6章22节）；火焰从坛上往上升（士师记13章19、20节）等。圣子耶稣和圣灵是新约时代圣工的主体，因而所显的神迹主要记录在新约圣经中。

耶稣所行的神迹包括变水为酒；医治病人；叫死人复活、瞎子看见、聋子听见、哑巴说话等。

这些都属于神迹（约翰福音6章2节），是人所不能行的。耶稣讲道之后显神迹给众人看，以此为证，叫人信服神的话语。当然"没有看见就信的有福"，可是，没有看见很难拥有真实的信心。

世界被罪恶所充斥，人们的心灵越发变得刚硬顽梗，难以建立真实的信心。因此，在当今世代，若要叫人信服福音真道，灵魂得救，神迹奇事是必不可少的。

信的人必有神迹随着他们

圣经上的神迹如今照样显现，有的人觉得难以置信，或觉得离奇。当然有的人还疑惑："我也是照样凭信祷告，为何没有应验？"

然而耶稣分明说过"信的人必有神迹随着他们，就是：奉我的名赶鬼，说新方言，手能拿蛇；若喝了什么毒物，也必不受害；手按病人，病人就必好了"（马可福音16章17、18节）。

这里"信"指的是"全备的属灵信心"。信心有大小之分（罗马书12章3节）。种子落在地里，会生根发芽，开花结果，信心也与此相仿。信心的种子撒在我们心田里，经过悉心浇灌栽培，必会成长壮大。各人信心的分量便由此产生大小差异。

属灵的信心是从上头来的，是神照祂儿女们遵行神道，造就诚心的程度所恩赐与各人的（希伯来书10章22节）。各人只要努力模成耶稣的心，信心渐长以至全备，必有上述的神迹相随。即奉耶稣基督的名赶鬼，说新方言，手能拿蛇。"手能拿蛇"是指藉以神的道攻破撒但的诡计。

信心达到完备之境的人，不受病菌的传染或疾病的侵扰，即使不知中喝了什么毒物，也必不受害，因为神用圣灵的火消灭一切毒害。使徒保罗在马耳他岛手被毒蛇咬，土著们见状以为保罗必会当场毙命，但保罗未受其害，安然无恙（使徒行传28章5节）。

不过人若知道那是毒物，却以试探的心态去喝，便不能蒙神的保守了。信心完备的人，手按病人祷告，病人就必体验神医治的大能。就是不治之症或疑难病症也能得到医治。

何为新方言？

那么，什么是新方言？方言是神愿赐给所有儿女的一种圣灵的恩赐（哥林多前书14章5节）。祷告，分为悟性的祷告和灵的祷告两种。悟性的祷告是用口语作的祷告；灵的祷告是用方言作的祷告（哥林多前书14章15节）。

当人向神认罪悔改，接待耶稣作个人的救主，神就赐圣灵在人的心里，其中方言的恩赐最为普遍。当人领受圣灵时，因继承亚当的原罪而死的灵得活。方言恩赐，能够使人得活的灵直接向神求告。所以，基督徒领受方言的恩赐是很有必要的。多作方言祷告，可提升祷告能力，灵魂日渐兴盛。

我从初信开始常作彻夜祷告，时而用悟性祷告，时而用灵祷告（方言祷告），悟性祷告和方言交替轮流，很快就被圣灵感动，自然流露出方言赞美。方言赞美进一步深入，就会在圣灵感动中不由自主地舞动手臂，跳起律动。再更深入，祷告进入更深的境界，就能说新方言。新方言是一种充满能力的祷告。

奉耶稣基督的名吩咐时

植物也不可咒诅

2000年前,耶稣在地上所行的大能神迹,如今照样通过凭信祷告的人显现,我们应当感谢我们的神。

我自对神道了解不深的初信之时起,向神献上大量的祷告,恳求神赐我能力,能够行圣经上神人先知或使徒们所行的权能。教会开拓之际,我身上已有"信的人必随的神迹"全然显现。

1982年开拓教会之初,每周奉献金只有三到四万。虽愿在圣殿祭坛上摆上鲜花,可是既没有足够的资金,也没有作插花侍奉的人。

8月份,有人奉献了一棵枝繁叶茂的木本植物。有了一盆绿油油的树桩，可以多少弥补没有插花的遗憾，对这棵树自然爱惜有加。不料养了两周之后，树叶逐渐泛黄，并且打蔫。看着精心养护的一棵树渐渐枯萎，我心里十分焦急。

"神能叫死人复活，我祷告求神，这棵树不就能活过来了？"我顺着这一念头，把手放在树上祷告："奉耶稣基督的名吩咐，死树活过来！"

次日凌晨，当我到圣殿晨祷时，发现那棵树的叶子由黄转绿，恢复生机。再过一天，叶子完全变绿，恢复如初。圣徒见此一同欢喜，将荣耀归与神。

体验死树变活的奇迹，我心里分外地欣慰和愉悦。9月的某一天，又有人向教会奉献一盆菊花。看着花色鲜艳的盆栽，想试试吩咐它枯败，会不会灵验。

"耶稣咒诅无花果树，无花果树立刻就枯干了。我要是吩咐这菊花枯败，能否一样显效？"

我单纯为了获得一次体验而吩咐那棵菊花枯败。但事后心里一直不平安。尽管这事乃我私下所为，无人看见。但那天晚上在殿里祷告时，我受到神严厉的责备。

"我的仆人：植物也是有生命的，是神所培养的，你怎能擅自咒诅它，试探我！我的仆人，这是我眼中看为恶的，你当悔改。祝福或咒诅不能随意而为，必要顺着圣灵感动而行。"

我大大惊骇，身上直冒汗。我立刻进入三天禁食，刻苦己心，向神认罪痛悔。自从经历此事起，我事事处处分外谨慎，即使有人对我逼迫、污蔑、诽谤、辱骂，也从未做过怨恨或厌嫌的祷告，而是照着神在圣经上教导，单单以爱心为他们祝福。

世界宣教的使命

"你求告我，我就应允你，并将你所不知道、又大又难的事指示你。"（耶利米书33章3节）

我依着这段经文，持之以恒地作了大量祷告，就像雅各在雅博渡口与神的使者摔跤一样。当我遵照神的训言，专心呼求，禁食祷告，力行神道时，神就照着祂的应许成全我所愿，使我得听祂的声音，看见异象，领悟"又大又难的事"，预知国家大事，世界局势等将来的事。

教会开拓之初，神指示我说，要藉着本教会完成面向世界的宣教，并要建造大圣殿。自从蒙召为主仆后，我为了成为向世界万民传福音，拯救无数灵魂归主的主仆，而作了大量祷告。于是神指示我说"要翻山越岭，漂洋过海，行奇事和神迹"，赐我向世界宣教的使命。

而且，加给我在这末时向选民以色列传福音的使命。届时许多不认耶稣为救主的犹太人回心转意归向主，实现福音的回归。

领受建造大圣殿的使命

教会开拓初期，每周五彻夜礼拜举行恩膏聚会，神每周拣选一个人，赐予看异象的恩赐。

我仔细检验圣徒们所领受的恩赐，是否出于神。神赐人圣灵的恩赐是旨在造就众人，但偶有一些人顺着撒但的运行，看见虚假异象。所以我们对恩赐需要有正确的分辨。

1982年9月的某一天，神通过异象给17名圣徒看见将来要建造的大圣殿。有的看见穹顶，有的看见内景，有的看见背部，有的看见九十六个华美的大理石柱。

穹顶中央设有十字架形天窗，可按时打开，使光线投射到殿内。讲坛设于殿内正中央，可缓缓旋转。有的圣徒还看见圣徒满堂，座无虚席，我在讲台上布道的场景。我们根据各人所见的异象，托付有关专家制作了大圣殿鸟瞰图。我们把大圣殿鸟瞰图作为教会周报封面图案，沿用至今。建造大圣殿的异象是神在我们教会开拓初期所赐的，我们从始至终凭信仰赖神的应许，恒心不住地为实现这一异象祷告。

神晓谕我们在末时建造大圣殿的必要性，以及建造大圣殿的方法和过程。

彰显神荣耀的大圣殿，非单靠财力或热心所能建造。神愿意照祂的旨意，藉着热爱神并作成心里的割礼，得成圣洁的儿女们建造大圣殿。

开拓教会后在家乡带领第一次布道盛会

1983年2月，开拓教会后在家乡带领第一次布道盛会，在全罗南道务安郡海际面的一所教会举行。意外的是主办方教会的圣徒一个也没有参加，教堂被周围村庄里的人挤满。

教会负责人向我道出了他们教会的内情。邻村有大型教团属下的一所教会，用物质诱引该教会的圣徒们，圣徒们为之所动，准备都到那里聚会。于是教会负责人为了安顿圣徒们的心，请我召开了此次布道盛会，而圣徒们都不肯配合，拒绝参加聚会。

他们拒绝的理由是：请的不是教界著名的牧师，而是一个不见经传的李载禄传道师。当然这只是一个借口。

神从第一场布道起大显神迹。十多年不能走路，浑身骨节酸痛而不能入眠的一位女子，听道之后萌生了信心，接受祷告后随即起来行走跑跳如常。

这一消息很快就传遍远近各村。次日，七十里之外的一所教会牧师和圣徒们闻讯赶来参加盛会。从远近各处拥来的圣徒们聚满了教堂，十分拥挤，聚会始终在热烈的气氛中进行。

有一位弯腰90度，拄着拐杖，面朝地面走路的老奶奶参加了聚会。老人家不顾严寒，每日凌晨、白天和晚上聚会时，为我送来热乎乎的甜米露。我虽不喜欢喝甜米露，但想到老奶奶的一片诚心就喝了。在聚会最后一天，奇迹发生在这位老奶奶身上——弯腰变直了！

除此，还有许多人经历到神医治的作工，归荣耀与神。该教会的圣徒们得知神迹发生，这才醒悟到他们错误的论断，到教会负责人那里认罪，而且参与了接下来的聚会。

奉耶稣基督的名吩咐煤烟

当时，大多数家庭取暖都是靠烧蜂窝煤。每到冬季事故频发，媒体常有煤烟中毒死亡事件或紧急送医抢救的报道。

1983年2月12日，春节前一天周五彻夜礼拜时发生了一件意外的事。当时我们把圣殿建筑物地下一部分空间用作休息室，有居室和客厅。其余空间用作设施管理室和办公室等。

圣徒当中有个叫朴石基的青年，周五彻夜礼拜开始之前，他心里想：再过一天就是春节，主日礼拜就不献了，可以和朋友们一起尽情地玩乐。随之困意来袭，睡意朦胧，便起身下到地下休息室，想要合眼片刻，养足精神再参加礼拜。

谁知躺下合眼，不一会儿就沉睡了。那里还有我三个年幼的女儿在熟睡着。约十五坪的圣殿里有150多人聚集，孩子们无处容身。就连祷告室和圣殿外阶梯也占满了人。

这天是个阴天，炉子里的煤烟外排不畅。当时周五彻夜礼拜从晚十一点开始，通常到凌晨六点才结束。那青年和我的三个女儿在地下室遭煤烟中毒不省人事，七个多小时后才被发现。

据说那青年在中间恢复一次知觉，但身体已麻木不能动弹。

礼拜结束，圣徒们正要回去的时候，设施管理部的一位执事下到地下休息室，发现了这一状况。

"出人命啦！"

听见急切的喊声，人们从圣殿里纷纷拥到地下室。圣徒们将正处于昏迷中翻白眼口吐沫的我三个女儿和那位青年，从地下室背到圣殿。三个女儿尚有微弱的气息，而朴石基青年呼吸停止，身体僵硬，已无任何生命迹象。

当时我深知煤烟中毒危害有之巨大，况且第一次遭遇这样的事，不敢想象他们能活过来。按当时情况看，三个女儿即使经医院抢救活过来，也会因着后遗症，终身残疾或变成植物人。

"刚参加牧会工作，就遇到圣徒因故死亡，以后如何作圣工？千万不能羞辱神的荣耀。"想到这里，我走到台上，向神祷告：

"赏赐的是神，收取的也是神；我向您感恩称谢，因您接我的女儿到那没有伤泪、忧愁、苦痛的天国，在主怀抱里得享安息。但这位青年是您托付与我的羊，他若是死了，必羞辱您的荣耀。愿神救活这年轻人。"

我作完祷告，走下圣坛，只见许多圣徒正屈膝向神呼求让死者生还。

我先挨近那青年，按手祷告："奉耶稣基督的名吩咐煤烟从他身上消退。恳求我的父，使他能够重活，使您的名大得荣耀。"

然后依次给三个女儿作了祷告。当我给小女儿守珍祷告的时候，那最先祷告的青年起身走到诗班席位近处坐下。他坐在那里，一脸茫然，还在迷糊当中：我昨晚不是在地下室里睡着了吗，怎么会在这里？

当我给二女儿祷告时，小女儿守珍苏醒，蓦地起身坐了起来。给三个女儿祷告，不出一分钟，她们每个人都恢复知觉，自己起身坐了起来。圣徒们见此情景，激动不已，并将荣耀归与全能的神。

后来这位青年说自己当时灵魂脱身，在空中俯瞰那一场景。他看见设施管理部的执事背着他上圣殿，又看见我在台上为他祷告的情形。

煤烟中毒，即一氧化碳中毒，具有损坏脑细胞和神经的巨大危害。他们四人在布满煤烟的封闭空间里停留长达七个小时，即使到医院抢救，生还的几率也是很低。即便生还，也免不了后遗症，痛苦终生。

然而这天那青年和我三个女儿经历了神的大能，死而复生，恢复如初，无任何后遗症。每逢类似的试炼，我单单靠赖我的神，没有半点依赖世界的念头。当我以感恩的心通过这场试验之后，才得知神已赐我治理和管理煤烟等无生物的能力。

之后，神指示我消退煤烟的方法。当人吸入高浓度煤烟时，会导致脑细胞和神经系统受到损坏，重者出现深度昏迷，肢体瘫痪，呼吸急促，很快死亡。

神指示我针对煤烟中毒者如此祷告："奉耶稣基督的名吩咐一氧化碳，通过口鼻和双耳退去，并通过浑身的细胞迅速退去！"这样，就可以使毒气顺命迅速消退，使人即刻复苏还生。

"洁净了的不是十个人吗?"

为圣徒禁食并殷勤探访

教会开拓后两年时间,我亲自看顾和探访圣徒。

若有缺席主日礼拜或因受试探而软弱的圣徒,我就为他们禁食祷告,或通宵求告神,替他们流泪认罪悔过,恳求神的怜悯。

圣徒们大多住在离教会远的地方,穷苦的病人居多,也有些事业遭挫的失落者。

圣徒人数只有上百时,我一眼就能看出哪个圣徒缺席主日礼拜。我经常为圣徒们禁食祷告,不能亲自去探访的时候,就派工人替我前去。

为了保全神托付于我的群羊,不失其中一人,我付出自己全部的精力。

凭着爱心指点错误

教会开拓之初，我出于爱心，时而给圣徒们指点错误，为的是帮助众人生命长进。当我对某个圣徒产生忧虑而向神求告约十分钟，神就详细指示我其家庭或工作上的问题和难处。

某个主日，我发现每周参加礼拜的一位圣徒不见了。我带着忧虑向神求问：

"主啊，某某圣徒主日没来教会，求您告诉我是怎么回事。"神就给我看见这位圣徒主日在酒吧的场景。

过了些时日，我觉得对方能够承受，不至于软弱，便将所看见的讲给他听。果不其然，这位圣徒听罢脸就红了，并且坦白自己所行。

有一个圣徒素来全守主日。而在某个主日，我看见他参加上午礼拜，晚礼拜时却不见了。我忧心地向神求问，神就给我看见他在某个婚礼上饮酒的情形。几天后，我和他交谈时，提到"我看见穿某种款式色调衣服的人向你劝酒，而你推辞两三次，随后接过那杯就喝下去了。"这位圣徒脸一下子变得通红，局促不安。

但我渐渐发现那些犯了罪的圣徒们似乎在惧怕我，躲避我。我看着圣徒们欺哄、邪荡、行淫等各样罪行，极其哀恸难过，流泪向神祈求。

有一天在祷告时，主对我说："不要看圣徒们现在的光景，当以信心的眼目展望他们将来更新改变的形像。若有人欺哄，你就默然受之，不要查问。你若单看圣徒们现在的样子，必心里忧伤，以至积忧成疾，难以胜任托付与你的使命。"此后，我照着神的指示，将一切向神交托，不再为获知圣徒们的罪行而祷告。

教会开创之后，许多人从全国各地拥来，有求病得医治的，也有饥渴慕道的。经过祷告，蒙神医治，问题化解后，有的人从心里感念神恩，仰望在天的赏赐，殷勤侍奉，舍己奉献，而有的人却顺着心中的私欲和贪婪，迷恋世界，背弃神恩。

撇弃偶像，走进光明的人们

有个名叫朴京顺的圣徒，来教会之前，她的家庭拜偶像甚重。婆婆有一个智障女儿，为她一个月一次以上请巫师到家里跳大神。而且橱柜里、枕头上、天棚中，到处是符咒。教会成立不久，我到她家探访时，看见屋里有鬼祟。

"你家里是不是还有符咒未除。"

"不会吧。之前已全部清理干净。搜遍了，确定没有。"

"家里仍有鬼不肯离开，说明某处还有符咒未除。再搜一搜，找出来把它烧毁。"

朴景顺圣徒照着我的吩咐行，结果在某处又找到一个符咒。

通过这件事，她们全家人都撇弃偶像，一齐来到教会报名登录，走进信仰之门。自从参加教会以后，朴景顺圣徒久治不愈的心脏病得了医治；婆婆也经历了神的大能，肠胃病得蒙痊愈。

因肺结核被判不治的青年

当时，有许多肺结核患者来接受祷告。生活在光州的赵大熙青年，读高中时曾患过肺结核。经保健医院药物治疗，病情有所好转，可是进入大学以后经常喝酒吸烟，导致肺结核病复发。

肺结核病复发之后，虽然接受药物治疗，但毫无见效。他的母亲四处寻医问药，不惜任何代价，为他求来各种良药秘方。蛇肉、猫肉、生肝、粪汤，乃至治麻风病的药也都给他吃过。为他请巫师跳大神，又求来婴儿死胎，还迷信吃腐尸能治病的说法，甚至掘墓取尸，无所不用其极，但仍没有一点效验。

1982年1月，首尔延世大学塞弗伦斯医院诊断结果显示：肺脏已完全损坏，医治无望。虽然选择住院治疗，但仍无济于事。他的母亲已是彻底绝望。正打算带儿子出院的时候，有位亲属老奶奶来探病，劝她到万民教会求治。原来这位老人住在我们万民教会附近，虽没有参加过一次聚会，但她经常看见那些病危的人到了万民教会以后病得痊愈，康复如初的情形。

1983年3月13日，赵大熙青年，抱着最后一线希望，参加了周五彻夜礼拜。他时已瘦骨嶙峋，面黄如蜡，眼球突出。但他显出信心，每天与母亲一同参加聚会，并进行三天禁食。禁食第三天，神赐他悔罪的恩典，一连三次痛哭流涕地认罪痛悔。

他到教会第十三天，彻底痊愈。这天他作完晨祷，到洗手间，和往常一样试着咳出血痰。不料咳嗽后吐出来的净是清澈的唾液。刺扎般的胸痛也消失，痰也不见了。赵大熙青年康复后，蒙召受膏作了主的仆人，至今在我们教会担任副牧师的职位。

求神使凡来求治的人都蒙医

起初，我求神使凡来到教会的病人都即刻得蒙医治。因我希望患病的人能够早日体验到神的恩典，脱离病苦。

"求神使凡来求治的人都蒙医治。"

神照我所求的，成全我。使许多闻讯而来的病人，一经祷告立刻体验到神医治的作工。

可是后来，发现这样反而拯救灵魂的果效甚微，因为很多人蒙了医治后离开神。

有一次，周五彻夜礼拜来了一对夫妻。丈夫因车祸韧带拉伤而不能走路。由于剧烈的疼痛，礼拜时间不能安坐。当我为他作按手祷告时，圣灵作工在他身上，使他随即得到痊愈，起来，行走，跳跃。可是他们夫妻后来参加一两次聚会，就不再来教会了。

一位传道师去他家探访时，那人说："我得到医治后，出于谢恩参加几次教会礼拜，也算可以了吧。我也需要赚钱养家，去教会,谁能给我钱吗?"而后再也没来教会。意思是:我既已康复了,何必再去教会。

若没有神的医治,连工作机会都可能不会再有,而他背离神恩,随从私欲,奔向世界。因他心里没有生命之道。

许诺孩子一周岁生日要宴请圣徒们

有一对夫妻生了七个月早产儿,孩子在医院保育箱里经过三个月的护理而不见好转。医生表示已没有任何希望,可以带孩子出院。夫妻二人靠医无望,便带着孩子来到教会。孩子接受祷告后得到医治,半个月后完全恢复,成为正常儿。

"传道师,实在感谢您。等到孩子一周岁,我们一定大摆宴席,请传道师和所有圣徒。"

"好的,到时一定去。"

濒临死亡的孩子得以生还,孩子的父亲不胜感激之情,许下了这一约定。可是他们之后来教会的次数逐渐减少,以至远离教会。据说在孩子一周岁生日时,他们只请了世人,都是他们的亲朋好友。

有一位来自江原道的青年,长相高大粗壮,特别爱吹嘘。他数日在教会认真听道,建立信心,并且认罪痛悔。当我为这位青年作赶鬼祷告时,他口吐白沫,倒地,随后恢复正常,回到从前的样子,性情变得温顺。有一位老奶奶眼睛昏花,近乎盲人。老人慕名在家人陪同下前来接受祷告，结果双眼复明。但康复几个月后，他们却又离开了教会。

不要再犯罪

经上有这么一句话，是耶稣在医治病人后说的——"你已经痊愈了，不要再犯罪，恐怕你遭遇的更加厉害。"（约翰福音5章14节）经历了医治，蒙了神的厚恩与慈爱，理应更加努力遵从神的话，以求感恩回报，而有的人却是忘恩负义，再度犯罪作恶，这样的人怎能蒙神的保守呢？

神向他掩面，从而得不到神的保守，便遭魔鬼、撒但的搅扰攻击，以致旧病复发，甚至比先前更加厉害。因为他离弃了真道，背负了神恩。

活出神的道才能蒙神保守

教会开创初期，周五礼拜到凌晨六点才结束。1982年11月，周五彻夜礼拜正在进行的时候，过了零点时刻，我看见有一对夫妻抱着五岁左右的女孩子进入圣殿。

孩子在父母怀里因疼痛而哭喊。他们来自釜山，孩子患有胰腺癌，医方告知已无希望。医生开刀后发现肿瘤过大，不宜切除，便放弃了。考虑到腹中的肿瘤会继续增大，缝合后会存在更大的危险，就用一种特制的金属丝绳交错无序地大概穿扎起来，令人触目惊心。

孩子名叫元美，由于剧烈的疼痛，一天要打数次杜冷丁。

元美的姑姑看着戴着氧气面罩，危在旦夕，奄奄一息的元美，劝其父母说：

"哥，听说首尔有一所充满灵恩的教会，到那儿接受祷告，我相信神一定会医治元美。"

绝了一切救治希望的元美父母，听了元美姑姑的话便动了心，当天就带着元美到首尔本教会。我用了十五天时间为孩子作医治的祷告。元美第一次接受祷告后疼痛止息，两三天后明显好转。父母看着孩子经过祷告疼痛消失，涨得很大的肚子逐渐变小，就产生了信心。

我劝他们到医院解除伤口上的金属丝，元美的父母不去医院，凭着信心亲手将其撤除，没过几天患部经神的作工完全得到愈合。

病痛中行将死去的元美，在短短十天的时间内完全康复，和主日学的孩子们一同唱诗跳舞的健康活泼的样子，令所见的人都喜乐感叹。天资聪慧的元美，博得圣徒们的喜爱。

元美一家住在教会，每天接受祷告。十五天后，父母带着元美回了家乡。当我为元美的父母祷告时，神的话临到我："回到家里，他们要守十诫，这样他们的孩子必健康成长，若是不守，我必向他们掩面。"

"你们回去一定要全守主日，作十一奉献，虔诚侍奉神。父母遵守十诫，才能使孩子蒙神保守，健康成长。"

"传道师感谢您。那是理所应当的。我看教会缺一辆大巴，等我回乡后，一定奉献一辆大巴给教会。"

然而过一段时间后，我听到孩子的死讯，心里十分痛惜。原来元美的父母回乡后，起初参加聚会，但后来却渐渐远离教会，最终连主日礼拜都不守了。

不过令我感恩的是元美的灵魂得救，归了天家，得居于那没有伤泪、悲愁的天国，永享无尽的幸福与欢乐。元美的姑姑朴英姬劝事，现在我们教会作一名得力的工人，大多数家属亲戚都通过她领受了福音。

"主啊，求您照人的信心医治病人。"

当时我刚参加牧会工作，见到那些背弃神恩，离开教会，重又迷恋世界的人们，深感痛惜和哀恸。

"父神，请您告诉我为何有这么多人虽然经历神恩，体验医治，却随便离开教会？"

我经常这样悲恸流泪向神求告。某一天我听到主的声音，说："我的仆人，十个麻风病人得医治，九个人走了，只有一个人回来归荣耀与神，照样，我垂听你的恳求，就照你的信心医治病人。而众人虽然得了医治，却因里面没有真理和生命，便轻易背弃神恩，离开教会。因此，人要通过听道建立信心，然后照着信心得蒙医治，才能在教会安心守信。当你向我求告的时候，我就照我所赐予你的能力进行医治，但从此你当一改从前的祷告，而求我照人的信心成全人。"

我们做信仰的本质目的就是灵魂得救，进入天国。因此，最重要的就是明白神的旨意，拥有属灵的信心，能够靠着进入天国。耶稣医治了十个麻风病人，而回到耶稣面前，归荣耀与神的只有一人（路加福音17章11-19节）。蒙医治的十个人中，九个人离开神，追随世界，只有一人归向神，领受救恩。

很多人起初寻求教会的动机，是为解除某种病苦或困难，但在参加礼拜并听道的过程中，渐渐领悟神的旨意，信心萌生，生命更新。神愿意众人在领受圣灵，相信天国和地狱，获得赖以得救的信心之后，体验神的医治。因为在没有信心的情况下得到医治，除了本性特别良善的人以外，通常都经不起世俗的诱惑而背弃救恩。

从此我改换以往的祷告，说："主啊！求您照着病人的信心施行医治。"神照我所求，使祂医治的大能显在那些有信心表现的人身上。

由信可致驾驭气象之功效

1983年8月1日，我们举办了教会开创以来首次夏季修炼会。活动地点是仁川大阜岛。修炼会前夕整夜雷雨交加，雨势凶猛。当时去往大阜岛的客轮一日只有一班，我们计划凌晨五点从教会出发。

家远的学生们在圣殿里过夜。我在家里准备就寝,而因窗外的雷雨声,难以入眠。

"神啊,外面下这么大的雨,我们怎么去修炼会场?求您止住这暴风骤雨。"在辗转反侧之间,我向神祈祷,过了凌晨3点,我从心里听到圣灵的声音说:不要忧虑。凌晨4点,我为了带领凌晨礼拜而到了圣殿,青年们已在圣殿里聚齐。礼拜4点45分结束,外面隆隆的雷声依旧,倾盆大雨猛烈撞击着门窗。

"我们大家同心为暴雨止息呼求祷告吧!"

由于通过周五彻夜礼拜,见闻和经历许多神迹和奇事,学生和青年们信心都很充足。聚在圣殿里的人一齐恳切祷告三四分钟,然而暴风雷雨仍无半点收敛。

"大家不要担心,全体带着行李下到一楼。当有人脚踩地面时,雨必停息。"

"阿们!"

听到我这般坦然的宣告,众人齐声喊"阿们",并且立刻行动起来。大家一齐带着行李下到一楼。当走在前头的人脚踩地面的瞬间,大雨止住,雷电停息,正如我所宣告的。神使众人藉着这次奇迹体验,获得更大的信心。

获解疑难经文和十字架之道

历经七年的祈求

教会开拓后，我应邀到各处带领布道盛会，恳切宣讲神的道。为了多给一些人栽植信心，晓悟神的慈爱，我汗流浃背地激情证道。当我祷告时，许多病人得到医治，瘫子行走，瞎子看见等奇迹不断显现。

神藉着圣灵的感动，指示我在布道盛会宣讲的信息。证道内容包括关乎耶稣基督、神、真信心与永生、救恩、奇迹、复活、再临、天国等信息。聚会时间一般设在周一到周四。礼拜从晚六点起，七点半左右进入证道阶段，到半夜十一点或十二点才结束。这是应主任牧师和圣徒们的请求而为的。

晚间聚会结束后，合眼一两个小时稍事休息，还要起来带领凌晨聚会。直至1983年，我应各方邀请，接连不断巡游全国各地带领布道盛会。某一天在祷告时，主的话临到我说："停止布道盛会，要上山祷告。"主告诉我要给我启解圣经中的疑难章节。为获解疑难经文所付出的七年恳求，终于得到了应允。

1983年5月起，我停止布道盛会，到京畿道光州祷告院，专心致力于祷告。作完主日晚礼拜，我就前往祷告院，在那里每天一心专注于祷告，到了周五才回来带领周五彻夜礼拜。这样的生活一连持续了数年。

常经酷暑严寒

盛夏，冒着烈日的炙烤；寒冬，身处零下十度或十五度的寒冷中，在岩石上铺着一张毛毯，屈膝向天呼求祷告。特别是冬季，我会一大早就上山，直至傍晚，忍受着寒冷而呼求祷告。气温降到零下十度以上时，再怎么尽力呼求也不冒汗。

因为经济条件不允许，夜晚不能睡在暖和的客房里。由于一天烧一个煤球来取暖，屋内的寒气依然逼人。凛冽的寒风呼啸着从窗纸破洞吹进室内。

房间里有一瓶墨水，是用来记录疑难章节启解的。那瓶墨水总是处在结冰状态，每次使用前都要把它慢慢化开。由于没有被子，夜间就盖一张毛毯，弓缩着瑟瑟发抖的身子，恍恍惚惚中合眼片刻，凌晨还要起来，上圣殿做晨祷。晨祷回来吃早餐，之后又上山，终日向神求告。

获解疑难章节，领悟丰富蕴意

有的时候，早晨我就把冰层破开，用凉水沐浴洁身后，成天在山上祷告读经。每到晚上七点，人们都参加聚会去了，十分安静，我就进入祷告室，流着汗，全神贯注地祷告。我的祷告日积月累，到了充足的分量，主应允我在圣灵的感动中领受祂的启示。主针对我白天向祂求解的经文逐一予以启解，先从疑难章节开始，细细地向我指示，让我听着比蜜更甜。尤其疑难经文中包涵着丰富的蕴意。

主启示与我的众多疑难章节中，举一个代表性的例子：约翰福音第二章记载耶稣传道生涯中所行的第一件神迹——迦拿娶亲的筵席上变水为酒。在婚姻筵席上，世人通常放饮宴乐，纵欲邪荡。那么我们会有一个疑问：为拯救天下万民而降世为人的耶稣，为何要到婚宴上行祂传道生涯中的头一件神迹？

娶亲的筵席意味着沉迷吃喝享乐，罪恶满盈的末时。变水为酒的神迹记录在约翰福音第二章，为耶稣传道生涯中所行的头一件神迹，预示着耶稣传道圣工的始末。

耶稣应邀出席加利利迦拿的婚宴，预表耶稣应了世人的叫嚣，准人将祂钉于十字架，并且在十架上为众人舍命。

水指的是永生水（约翰福音4章14节），意味着神的道，道就是道成肉身，降世为人的耶稣基督。葡萄酒代表耶稣的宝血。总意就是道成肉身的耶稣，被钉十字架，流宝血为人舍命。耶稣降到罪恶满盈的这个世界，将圣体献于十字架上，流尽血和水，显明祂奇妙大爱。

水变酒，意味着耶稣在十架上所流的血，是给人类带来永生的宝血。耶稣所造的酒，乃是不带醉人之成分的纯葡萄酒。另外，尝了那水变的酒，称为好酒，意味着众人因着喝耶稣的血，罪得洗净，获得属天的盼望而欢喜快乐。

最后提到"这是耶稣所行的头一件神迹，是在加利利的迦拿行的，显出他的荣耀来，他的门徒就信他了。"（约翰福音2章11节）

这里说耶稣行头一件神迹，显出祂的荣耀来，不单指迦拿婚宴的神迹。"显出祂的荣耀来"，这句话所包涵的蕴意奥妙深广，乃为：耶稣被钉于十字架，受死，埋葬，第三天败坏魔鬼的死亡权势，复活得胜，显现荣耀。

在十架上舍命的耶稣显出复活之荣耀时，门徒们得见这一神迹，便信了。耶稣被钉十架受难时，门徒都惊慌逃散了。从目击者口中听见耶稣复活的消息时，他们仍是疑而不信，直到亲眼得见复活的耶稣后，他们才得以相信。

这段经文预示的并非门徒们见到耶稣所行的头一件神迹就信了，而是被钉于十字架，败坏死亡权势复活得胜，显现荣耀时才得以相信。耶稣所行的这一神迹包涵着重大意义，并非为庆祝世俗婚姻而行的。

万事以前所隐藏的奥秘——《十字架之道》

自领悟神的恩典与慈爱的初信之始，读经尤其是读到记录耶稣行迹的四福音书时，我就涕泪纵横，难以下读。耶稣站在彼拉多法庭的场景，令我呜咽在喉，泪流不止，无法续阅，只好把圣经合上。我极力克制自己，努力往下读，历经数日才能把四福音书读完。开创教会后，数年间一直流泪读经，每次参加圣餐礼，从始至终我都克制地呜咽泣涕。

自从全然感悟到主所走过的十架路，乃是祝福之路，救恩之路，我们更当感恩称谢，我就可以节制流泪，带着欢喜和感恩奉读圣经，参加圣餐礼。

在清晰的灵感中，主又向我启解"十字架之道"，这使我更深层地领悟到神的慈爱。1983年，在光州祷告院祷告时，主启示我"十字架之道"。内容包括除耶稣以外别无救主的原因、因信得救的实意、放置善恶果并耕作人类的旨意在内，就是万事以前隐藏的奥秘与智慧，并且通过异象和启解，揭晓创世记所记载的深层灵界的奥秘。

其后又向我指示"圣灵的果子"、"八福"、"属灵的爱"等信息，这些都是关乎我们得与神的性情有份的信息，是模成神圣洁形像的途径。

长期在同一个地方祷告，消息自然就传开，人们闻讯而来请求祷告。来访的人越来越多起来，我只好转移到另外一个地方去。

就像使徒约翰在拔摩海岛向神祈求,领受主的《启示录》一样,为了与神交通,需要一个与世隔绝的僻静之处。于是辗转于江原道、忠清南道鸟致院等处。正值酷暑,没有风扇的闷热房间里,祷告一会儿,衣裳就被汗水湿透,但我毫无怨言。

"如何能给群羊正确传达神的旨意,按时供应属灵真道,助长他们的信心以至于充足全备?"

"怎样付出更多的祷告,能像圣经中的先知和使徒那样,领受所赐的权能,完成世界宣教的使命和建造大圣殿的异象?"

我时刻专心以此目标为念,无暇去思虑其它的事。

1984年5月,经时任女宣教联合会总会长宾锦善劝事的介绍,一段时间将她亲戚的房子用作我的祷告处。该房子位于江原道的一个僻静的村庄里,由于隔着一条河,船渡才能抵达。我和同行的设施管理部执事架一艘小舟,轮流划桨渡到彼岸。有时渡河还要冒着风雨;降雨量大的时候,小舟被湍急的水流漂到下游。

教会开创后,我每主日礼拜结束,审批一些文件之后,乘坐商务车或火车,前往祷告处。到那里祷告到周四,周五返回首尔,预备周五礼拜和主日礼拜的讲章。这在当时是我常规的日程。1984年5月,在我生日那一周,到了星期五正准备返回教会时,我突然领受神的指示:不要回教会,在此禁食祷告三日。

我顺命作了三天禁食祷告,到了20日主日这一天,主开始将天国的奥秘启示与我。生日到了,本可以和圣徒们一起分享快乐与幸福，而我顺着神的吩咐在祷告处孤身一人禁食祷告，但我分外地欣喜，因我由此蒙得无与伦比的宝贵恩赐。主指示我关乎天国的信息，详细全面，与经上有关天国的章节完美契合，犹如一套天国全书。之后我通过主日礼拜，历经数年讲论天国，并且编撰成书，分上下两册。

市场商人说"到万民教会去看"

教会近处有个市场。我们教会位于这市场的交界处。凡来教会的人，在附近公交站点下车后，都要经由市场胡同过来。

由此市场的商人们经常看见有人背着或用担架抬着重病患者，或抱着因车祸奄奄一息的孩子急忙向教会奔去的情形。和现在不同，当时轮椅并不多见，病人通常都是用担架抬来的。商人们每当看见危急的患者路过，就说："你看，又来一个重病号，去见万民教会的传道师。"当人们见到那些病危者，两三天后以完全康复的状态到市场买货，无不赞叹称奇。

"这不是昨天用担架抬来的那个人吗？"

"没错。"

"你今天怎么突然能走路了呢？"

"就是昨天接受祷告后医好的。"

市场商人们因经常见到这些奇迹，无不承认耶稣是活神真神。可是他们虽然承认有神，却不肯领受圣徒们所传的福音，说：

为生计所累，不能上教会。他们虽没有来到教会，但见到患病的人就劝他们"到万民教会去看"。关乎我们教会神迹的传闻藉着他们的口广而传之。

主和我同工

迁至第二圣殿

开拓礼拜过了一年，聚会空间饱和，容不下更多的圣徒。每当礼拜时，祷告室、走廊、甚至休息室也挤满了人，已无处安置圣徒们。于是我们求神使我们能够扩迁至更大的空间。

扩迁所需的房屋面积至少要200余坪（约合660平米），而当时圣徒们的信心还不够充足。当我为扩迁圣殿祷告时，神的话临到我，说："在空地上要搭建临时建筑，你们建造，必遭拆除。你们要重建，但还会被毁。此后我的旨意必定显明。"

1984年9月，神吩咐我们在附近市场单层房顶平台上搭建临时房屋，但不要告诉圣徒们所建的将遭拆除。

该建筑物平顶上建造简易房,并无法律许可。我告诉圣徒们建临时房屋是神的旨意,吩咐圣徒们赶快动工。

房主同意我们建,并表示要到区政府申请建房许可。按着人意说,房屋平顶上搭建临时建筑,用作圣徒们聚会的圣殿乃非易事。但顺从神的话第一要紧,尽管预知那房子建完必遭拆毁。

圣徒们大汗淋漓地砌砖立墙,可区政府拆房队员们来把所砌的拆毁。圣徒们重新砌砖,他们又来强行推倒。

在此过程中,有一些圣徒发怨言,但大多数圣徒一心仰赖使万事都互相效力,按时兑现祂善美应许的神,同心合意,更加恳切地向神祈求。

见此情形,居民们开始向我们投以同情的目光,还替教会说话:"区政府有必要这样做吗?"市场里的商户们对神在万民教会所彰显的大能神迹耳熟能详。

在困难和波折中,圣徒们心中对圣殿的指望倍加热切。圣徒们更加同心合意,神就为我们预备了一个新地方。

之前附近还没有可用来聚会的房子。而此时在不远处有座楼房竣工,有200余坪(约合660平米)的空间可以用作教堂。神指示我们要住进这座楼。

当时我们礼拜人数有300余名。每周奉献量还不够抵传教的费用。大多数圣徒们家境贫困,筹资几百万元也很困难。迁殿所需费用:房租四千万,装修费两千万,当时圣徒们的信心水准远不及解决这笔巨款。

然而圣徒们经过试炼,倍加渴求宽敞的圣殿,大家合一心志,凝聚力量,热切祈求,扩迁资金便很快得以筹齐。

1984年12月31日,我们在铜雀区大方洞租下一栋建筑,献上了扩迁礼拜。神通过这场试炼,使圣徒们的信心获得加倍的增长。

形成教会组织体系

神吸引许多人来到教会,使圣徒人数与日俱增。神与我们同在,不断显现奇事和神迹,圣徒们的信心,随之获得快速的增长。大多数人是带着医病的愿望而来,但也有很多人是带着对生命之道的渴求而来。

1983年10月,万民祷告院得以成立。神对我妻子李福任师母委以祷告院院长的使命,要藉着她给众患者带来灵魂与肉体上的医治。

妻子每天带领医治聚会,专心致力于信仰咨询、探访和祷告。1984年1月,祷告祭物团契诞生,其使命是日日专心为神的国和神的义祈求。祷告祭物团契的成员不仅专注于祷告,而且参加祷告院医治聚会,通过祷告帮助患者得医治。

1985年10月,妻子身负祷告院院长的使命之后,起初只有数名成员,每晚聚在一起献上彻夜祷告。这就是但以理祷告会的前身。如今的但以理祷告会,已发展成每晚数千名圣徒参与的规模。

李福任院长专注于禁食和祷告,一心为主所托付的众灵魂献身。神就赐福与她,使她听清圣灵的声音,并且领受各种能力。

如今本教会每晚但以理祷告会,由李福任院长带领。众圣徒天天聚在圣殿,通过祷告唱诗,领受属天的能力,所求所愿蒙神应允。每晚举行的但以理祷告会,成为圣徒们灵魂得以兴盛的重要途径,并成为教会发展的巨大原动力。

1984年3月,万民宣教园得以成立,增强了儿童教化圣工的力度。教会开拓后的一两年间,教会组织体系逐步成型。渴求生命之道的人通过属灵真道获得平安与慰藉;众人所求蒙允,问题化解,成为教会忠实的信徒,教会的根基渐趋稳固,立在磐石之上。

因患脑瘤濒临死亡的医大学生

赵秀烈青年,母胎信仰,时为医科大学在读生,患有鼻腔血管纤维瘤。肿瘤中血管与纤维组织拥堵淤结肿胀,即称纤维血管瘤。后来发展成脑肿瘤。

赵秀烈青年有一亲戚时任首尔大学医院副院长。他在首尔大学医院经过8个小时接受大手术,可是术后仍有鼻孔堵塞呼吸困难的症状。

回到大学校园里,他依旧与世俗为友,导致病情再度恶化。术后第三个月,鼻子堵塞,并且大量出血,医院检查结果为病情复发。术前主治医生曾说发展成脑瘤的可能性较大,果不其然,肿瘤已扩散至脑部。

1984年12月，他得知自己的病靠医学已是无望医治，便和家人一同来到我们教会报名登录。1985年1月布道盛会时，领受神的恩典，病情有所好转。而在此时，当医方劝他到医院再做手术时，他心里仍尚存"靠医院或许有救"的念头。

1986年，赵秀烈青年经历出血一连十余次后，彻底意识到：惟有靠赖神的恩才有活路。他鼻子流大量的血，至于虚脱的状态，甚至两次松肛濒死。

那段时间，我平日在鸟致院祷告。有一天，祷告时突然有说不出的哀恸袭上心头，我意识到赵秀烈青年此时生命垂危。

就在当天那个时候，平时分外热衷于祷告的我们教会一位执事看见异象，就是我拽着耶稣的衣襟，为赵秀烈的生命向主恳求。

之后，每当他生命垂危时，我都得到圣灵的指示，便能及时为他祷告，使他脱离危险。由此，赵秀烈青年属灵信心渐长，病情随之相应好转，身体日渐康健。

而他中断祷告，失去圣灵的充满时，鼻腔里又长起肿瘤，并且迅速扩散，堵塞喉咙，口腔里形成舌状凸起，甚至鼻腔里的肿瘤暴出两个鼻孔。但只要认罪悔改，并接受我的祷告，随即得到痊愈。

通过这一过程，他发觉自己心中肉体的意念和各样恶性，便以"死就死"的决然之志，禁食祷告，力求生命的更新，最终得以完全康复。赵秀烈现今在我们教会担任副牧师的职务，为主尽忠，而且结婚生子，建立了幸福的家庭。

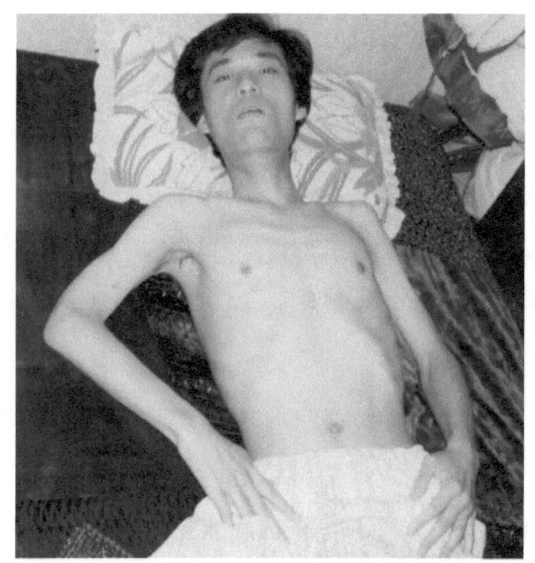
病患中的赵秀烈青年

现以健康的体魄为主作工的赵秀烈牧师

因煤烟中毒身体僵直

1985年2月,某一周六下午,我在居所里祷告时,听见门外有喧闹声和"出人命了"的呼喊。祷告完毕,出去一看,只见一个姊妹遭煤烟中毒横躺着。这姊妹周五彻夜礼拜结束后回家,点燃煤炉后睡着了。周六下午两点过后被人发现,时已煤烟中毒,不省人事。

她数个小时吸入高浓度煤烟,被发现时四肢麻痹,口吐白沫,发出痛苦的呻吟。邻居发现后,将她背到我的居所,但那时她仿佛一具尸体,没有知觉,身体僵硬,体肤冰凉。我为她作了按手祷告:

"奉耶稣基督的名吩咐煤烟退去!通过她双眼、鼻孔、口腔和两耳,以及浑身细胞全都退去!"

当我祷告已毕,把手挪开的瞬间,她的体温开始恢复,眼睛慢慢睁开,僵硬的肢体逐渐缓解。周围的人帮着按摩她尚有些僵硬的身体,随后恢复如初,起身坐了起来。通过神的医治,她完全得到康复,没有留下任何后遗症。

她若在被发现时送往医院,生还的概率几乎为零,即便生还,也会终身是个植物人。但经过能叫死人复活、无所不能之神的作工,在不到两分钟的时间内,身体完全得到恢复。这位姊妹正是我们教会车传焕牧师的妻子李敏善师母。

"大叔，请把车开到新大方洞。"

  我曾数次给呼吸断绝的人祷告过。1985年6月，赵锡熙执事两岁女儿胜雅发生了意外。妈妈正在厨房里煎香肠时，女儿蹒跚走来向妈妈伸出小手。妈妈递给她一块儿香肠，把她打发走了。过了一会儿，妈妈奇怪房间里没有动静，打开门一看，不料女儿胜雅口吐白沫，喘着粗气，脸色发青，奄奄一息。

  在这突如其来的危急时刻，赵锡熙执事的妻子急忙背起孩子，搭上一辆计程车。她因经常看见在教会里绝症康复，死人复活的神迹，所以能够在危难之中，在神面前显出了信心。

  "大叔，请把车开到新大方洞。"

  "这附近有很多医院，何必要到那么远的地方去？"

  "那里有一位名医。"

  当时我恰巧在家，可以为孩子祷告。据说孩子在路上已经断气，身体冰凉。我恳切求神将灵魂归到孩子身上。祷告已毕，孩子开始喘息，随后苏醒过来了。孩子康复后无任何后遗症。胜雅姊妹现毕业于庆熙大学，父亲赵锡熙现为庆尚南道泗川市珍珠门万民教会负责人，现在本教会服侍神。

靠神大能三度灼伤得到痊愈

  1986年4月6日主日，时龄62岁的金恩得劝事，礼拜结束后在教会食堂侍奉时，遭遇了一场事故。在食堂烧着的燃气炉上有一大锅煮面条的汤正滚沸着。

劝事在忙活时不慎跌跤倒地的瞬间，慌乱中抓住燃气炉上的手把，导致大锅晃动，沸腾的热汤泼了她一身，胸部、腹部、双臂、双腿等处严重灼伤。幸好头部和面部没烫着。

我闻讯赶忙跑到食堂，为趴在地上的金恩得劝事作了祷告。伤情十分严重，皮肤已熟烂，粘连在衣服上，实在惨不忍睹。

据她事后描述，当时她在意识模糊中，承受着难以忍受的刺痛，然而在我为她祷告的那一刻，热毒瞬间从她身上消退。感觉到热气从右侧胸部转移到左侧，随后下移，从右脚排了出去。

热毒虽然消退，但患处仿若经过油炸的肉团，与衣服粘连部位的肉块脱落，触目令人惊心。

如果当时到医院救治，生还的可能性不大；就算生还，也要经过数年接受细胞移植手术；即便手术成功，也会留下后遗症和不堪入目的伤疤。

金恩得劝事出事后，被立即送到我家里，每日一次接受我的祷告。她未曾吃药打针，在神的作工下，伤情迅速得到好转。坏死的细胞结痂，呈现粗硬的松树皮状，不久结痂脱落，新肉长出，皮肤还原。

前来探病的圣徒们目睹了金恩得劝事的烧伤部位新肉长出，血管形成，皮肤生成的过程。金恩得劝事受烫伤三个月后，患处完全复原，没有任何伤疤。金恩得劝事现年82岁，身体康健，过着快乐的信仰生活。

在神面前我是无用的仆人

"主耶稣和他们说完了话,后来被接到天上,坐在神的右边。门徒出去,到处宣传福音。主和他们同工,用神迹随着,证实所传的道。阿们!"(马可福音16章19、20节)

门徒出去传道时,主和他们同工,显现许多神迹。当我给每个患者按手祷告时,主沾满宝血的手就亲自按手在他们头上。教会里好些领受看异象恩赐或灵眼开启的圣徒作见证,在我给患者祷告

医学上难治的三度烧伤

教会开拓

时,主的手也同按在那人患处。

还有很多人看见我在各种礼拜为病人祷告时,有红色的火团从我双臂发出。这是圣灵的火照各人信心焚烧那人身上的疾病。在我凭着信心,倾心尽力地为圣徒们的难处或疾病祷告时,圣灵如同火焰运行在各人身上,众人便体验到神医治的大能。

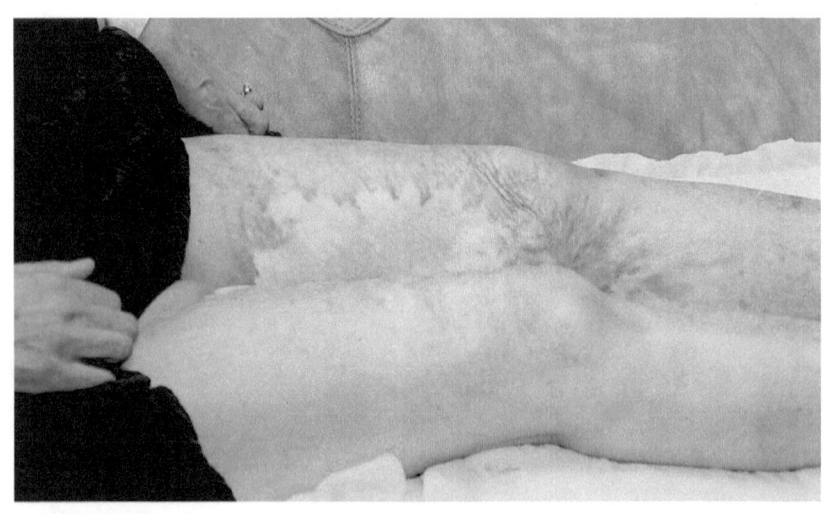

接受祷告后新肉长出,复原如初的金恩得劝事

圣灵的感动中获知将来的事

被按立为牧师

1986年5月，开创教会第四年，我被按立为牧师。那年6月，献上了就任礼拜。圣徒们赠我金钥匙，以表他们对我的信赖和爱戴。这枚金钥匙，包涵着圣徒们愿将治理教会的权利交给我，并愿对我信靠顺从的约定。我分外爱惜蕴涵着圣徒深情和精诚的这份礼物，珍藏至今。

被按立牧师后，主指示我作二十一天"但以理祷告"。我便在鸟致院祷告处，禁食祈祷，专心与神交通。主开始向我启解关乎末时必成之事——启示录。

我从1986年7月20日主日大礼拜起，截止1989年12月30日，历时

4年,在台上宣讲启示录讲解。圣徒们由于对灵界的奥秘有一定程度的了解,便如饥似渴地领受这深奥的属灵之道。

人们超越教派从全国各地聚来参加周五彻夜礼拜

扩迁圣殿之后,我们召开布道盛会,不出几个月,聚会人数剧增,圣殿爆满。由于发展速度超快,来不及建造圣殿。

1987年,我们租赁铜雀区新大方洞的一所楼房作为教堂,这是第三个圣殿。然而迁殿纪念布道盛会结束仅有三个月,圣殿又饱和,容不下更多的人。这年注册登录人数突破了三千名,二楼和三楼均设作礼拜堂,但人数与日俱增,很快就变得十分拥挤。有的人来作礼拜,因无空位就回去了。这所建筑已无任何可能扩充的余地。

1989年6月注册人数达六千人,已具大型教会的规模。建立教会之后,我为了专心致力于传道和祈祷,完成主所托付于我的使命,便将管理群羊的任务全都交给其他教牧人员。初代教会时期,十二使徒为了专心以祈祷传道为事,选拔七位被圣灵充满、智慧充足的人作执事,派他们去料理教会日益加增的各项业务(使徒行传6章3、4节)。照样,我也做到不参与管理教会财务,其它业务也交给各个部门专管。

教会成立后,每年两次进行主的仆人培训,旨在培养众人获得属灵能力,蒙神重用。因为打心底里希望教会所有教牧人员能够成为有能力的主的仆人,比我更蒙神的慈爱,博得圣徒们的爱戴,所以我不遗余力地为众人营造良好的教育环境。

当时我们的周五彻夜礼拜以圣灵充满名闻全国,人们超越教派聚集而来。通过证道、祈祷和唱诗领受圣灵的充满,主日回到各自的教会,分享恩典,牧养群羊,这是何等佳美的事!

我从1986年12月12日至1992年12月11日,通过周五彻夜礼拜,宣讲主亲自启解于我的约伯记讲解。约伯记讲解是在全新的维度诠释精意的属灵真道,区别于其他论解。约伯记讲解可谓珍贵的生命宝典,体现在通过约伯这一圣经人物的心理剖析,启发众人对自身内在的恶性和非真理属性的发觉。

1989年,主又向我指教有关"灵、魂、肉"的信息,之后又指示我有关"维度"的信息。我将这些信息传授给圣徒,获得了显著的果效:众人灵眼开启,心意更新而变化。随着圣徒们的信心日益增长,有必要以更有深度的道来喂养,为此我恒切不住地祷告,力求破解灵界更深层的奥秘。

为了多领一些人变成麦子

某一天在祷告当中,主哀叹地对我说:"我的仆人,你赶快将我启示于你的信息编撰成书,向世界普及。当今真正有信的,能够得救的实在难寻。他们口称有信,却专行不法的事,把我重钉十字架;他们的信是虚伪的,倒以为自己信得不错。"

诚如耶稣所说:"然而人子来的时候,遇得见世上有信德吗?"(路加福音18章8节)如今世上充斥着罪恶与不法的事,具有属灵信心的合神心意者实为罕见。

农夫在秋收之时,把麦子收在仓里,把糠秕用火烧毁。神宁要一名"麦子圣徒",不要成千上万的"糠秕信徒",因为只有"麦子圣徒"才能得进天仓(马太福音3章12节)。麦子圣徒即指恒心不住地祷告,谨守遵行圣言真道,脱去肉体的情欲,顺从圣灵的指引,靠着圣灵生出灵来,模成耶稣的心,成为诚实圣洁的全灵人。这就是神向祂的子民所定的旨意(帖撒罗尼迦前书5章23节)。

学习"灵魂肉教育"、"维度教育"等属灵之道的圣徒们,开始发觉自身的本质,更加努力弃罪成圣。牧者若不强调弃罪,圣徒们对罪认识不清,仍会与世俗妥协,沦为糠秕信徒,远离救恩。牧会者应当教导圣徒们明白何为罪。

证道惟靠神的恩助

耶稣差门徒去传道时说:"你们被交的时候,不要思虑怎样说话,或说什么话。到那时候,必赐给你们当说的话,因为不是你们自己说的,乃是你们父的灵在你们里头说的。"(马太福音10章19、20节)

开拓教会那年,神学院毕业在即,我一边上课,写论文,一边预备凌晨礼拜、周五彻夜礼拜、主日礼拜和晚礼拜等十多篇讲章。

还要对圣徒们进行探访和照料,又要给每一位患者按手祷告,整天就像被时间追赶着。

预备讲章要经过仔细构思编写,但我根本抽不出时间来作这件事。当我向神求告时,神就指示我证道题目和主题经文。我依此祷告预备,证道时神就赐我清晰的灵感,使我脱口而出,释放如流。

现今由于礼拜实况通过电视和互联网转播到全国乃至海外,所以带着提前预备的讲道稿证道。但开拓之初至开始播讲之前,由于没有时间准备讲章,数年间在讲台上不带讲稿或提纲,多是即兴证道。

只是无用的仆人

1987年4月的某一天,由于繁忙未能祷告,上讲台没有一点灵感,讲道颇为费力。事后对自己未能以祷告预备证道,在神面前深感亏欠。

每逢类似的情况时,我深刻地领悟到自己若没有神的同在,便将一无所能,一无所用。若没有神的帮助,上台证道也没有能力,手按病人也不会有效验。因没有圣灵的作工,即使用雄辩的口才讲出圣经真理,也无法给圣徒们带来生命的更新。

我深悟自己虽然有所成就,但在神面前不过是无用的仆人;纵使领受属天的大能,成为被神重用的器皿,也不能心存半点骄傲的念头。

1987年4月,一本关于我生平信仰见证的书《死前见真光》发刊问世。这本书经过反复印刷出版，成为持久畅销书，现译成各种文字向全球普及。

通过此书，许多人相信神是活神真神，并体验到神的医治和神丰富的慈爱。

生活在德国的孟水晶执事，从德国教界一位有名望的牧师获赠这本见证书籍。她被书中的信息深深吸引，大蒙恩典，更得造就。在韩国滞留期间，到本教会参加礼拜，成为教会的一员。通过生命之道，体验到生命的更新，一股向世界传播这生命之道的热望，在她心中油然而生。她现领受传教士的使命，在华盛顿传扬主道，为主献身。

"AM 837MHz，这里是基督教广播电台。今天我们'同路人'栏目将万民中央教会李载禄牧师经历神的见证呈献给大家。"

1987年6月1日至30日，CBS基督教广播电台"同路人"栏目以连续剧的形式播出了我的信仰见证。早晚各播一次，续播了一个月。全国各地有许多人通过这一节目得蒙恩典，归信基督，我的名声随之传开。

1987年8月18日，我做客基督教广播电台"求主更新我"节目，作我的信仰见证。当时编导请求我不要讲神的医治，否则会受到一些听众的抗议。我不能同意他的请求，只是一笑了之。而在录音的时候，我将自己蒙神医治的过程毫无保留地讲了出来。

果然，预定播出时间过了良久，该节目仍没有播出。便向广播电台进行询问，几经交涉，经过某人帮助，找到险些废弃的录音带，节目最终得以播出，时长一个小时。节目虽然播出去了，但我深感遗憾：传媒若能敢于传播真实见证，那该多好！

顺着圣灵的感动说预言，旨在给众人栽植信心

哥林多前书14章1-5节："你们要追求爱，也要切慕属灵的恩赐，其中更要羡慕的，是作先知讲道（原文作"是说预言"。下同）。那说方言的，原不是对人说，乃是对神说，因为没有人听出来。然而他在心灵里，却是讲说各样的奥秘。但作先知讲道的，是对人说，要造就、安慰、劝勉人。说方言的，是造就自己；作先知讲道的，乃是造就教会。我愿意你们都说方言，更愿意你们作先知讲道，因为说方言的，若不翻出来，使教会被造就，那作先知讲道的，就比他强了。"

使徒保罗在这段经文中表示他愿神的儿女都能领受方言的恩赐，用方言向神祷告，并劝勉众人切慕恩赐，尤其是作先知讲道，即预言。

我为了给圣徒们栽植对神的信心，使众人认识神的全知全能，曾多次向圣徒们宣告圣灵指示我的预言。

在进行晨祷的时候，我向神祈求："求神吸引众人来教会，我相信您必照我所报的数目成全我。"到了主日，我就宣告将有多少人参加礼拜。当时礼拜人数逐周剧增。

"下周主日礼拜将有五十人参加礼拜。"

到了下周日，我叫人清点人数，果不其然，不多不少正好五十名。

"下周礼拜人数将有六十五人。"

礼拜人数每周都有所增加，而每周礼拜人数正合上周我所预言的数目。圣徒们经过点数确认预言无误，纷纷赞叹不已。

可是自从人数满了八十名，好几周都不见人数增加。于是我向神求问，得知原来是仇敌魔鬼在阻挠教会人数突破一百名。我便带着圣徒们一同禁食，同心祷告，击退魔鬼的搅扰阻挠。结果从当周起，圣徒人数又开始不断刷新，到10月10日献上创立礼拜时，人数突破了一百名。

关于教会财政，针对特殊情况，神也有所指示。教会开拓初期，每周只有六百万元的奉献金。因为以面向世界宣教为目标拓展圣工，所以支出规模远远超过收入。

我得知资金严重紧缺，教会处境困难之后，恳切向神祈求仰赖。主垂听我的恳求，大大地赐福与我们，化解了我们当前所面临的一切困难。甚至使我在圣灵的感动和清晰的灵感中，得知所要赐的额度。

"下周奉献量将达到三千三百万。"

我照主指示我的，将具体数额告诉负责财务的工人们，意在助长他们的信心。但财务部工人们似乎觉得难以置信，听罢没任何积极的反应，只是一脸诧异的表情，好像在质疑：一周间怎能有超过五倍的奉献量？

到了主日下午，财务委员们向我汇报：当日奉献金总额共三千三百万。正如我所预言的，分文不差。而后每逢财务上面临巨大困难时，我就向神恳求仰赖，神就以加倍的数额成全我的所求，使我们能够顺利度过每一个难关。尤其赐我们数倍的应允时，神总是提前指示我，我就向财务部工人们预言将要临到的赐福。

财务部工人们经过屡次体验，信心有了显著的增长。

有关国事和国际局势的预言

对于不住地呼求祷告，常在圣灵的充满中度日的我，主按时指示我将来的事，揭晓又大又难的奥秘之事。

彼得通过异象蒙主启示，得知将来的事（使徒行传10章）；司提反执事看见神的荣耀，又看见耶稣站在神的右边（使徒行传7章54、56节），神无所不知，无所不能，不论旧约时代，还是新约时代，直至现今这个时代，祂的作为都是一样的。

诚如阿摩司书3章7节所说"主耶和华若不将奥秘指示他的仆人众先知，就一无所行"，当我向神求告时，神将有关圣徒、国家和世界的将来之事指示与我。

在读神学的1979年10月26日，从早心里就有莫名的不安，便向主求问此为何故。主告诉我说：这个国家的一颗大星将要陨落。显然是关于朴正熙总统要逝世的启示。我对妻子说国中将发生大变故，随后到神学院授课。这天在学校里我终日哀恸流泪，心里十分焦虑忧闷。次日我听到朴正熙总统遇难的消息。

"若不将奥秘指示他的仆人众先知,就一无所行。"

对世界局势的预言

神时常指示我世界局势的发展,也有关乎大人物的启示。

1984年,主指示我时任印度首相英迪拉·甘地将要去世。在英迪拉·甘地去世数个月前,我向圣徒们宣布她将离世的预言。时年10月,英迪拉·甘地首相遭锡克教徒刺杀身亡的消息见诸报端。

同年神又告诉我,美国的里根总统和英国的撒切尔首相将在选举中获胜连任。并说明他们得以连任的原因,论到撒切尔首相,虽为女人,却有过人的胆量和魄力,兼具谦卑温和的品性。她追求高洁,惟愿一生向神无一丝羞惭;她不求富贵功名,心系国家,关爱百姓,是个女中英杰。

又说这两人具有忧国爱民的情怀，关心民生疾苦，博得国民的尊敬和爱戴。

1985年，前苏联共产党中央总书记契尔年科逝世，在他离世几个月前的1984年，神通过异象向我启示此事。为了给圣徒们栽植信心，我向圣徒们宣告这一预言。数个月后，媒体报道他患重病的消息，接着传来其死讯。

"六二九宣言"和其后民主化的到来

1987年6月29日，民政党党首卢泰愚发布六二九宣言。1985年2月12日大选过后，在野党和一些在野政治势力指出第五共和国总统全斗焕当选的非正当性和非民主性，主张要推行直选制改宪，总统须由国民选出。

针对改宪的声浪，1987年4月13日，全斗焕禁止有关修改宪法的讨论，发表了"四一三护宪措施"声明，以拥护第五共和国宪法明文规定的间接选举制。

1987年6月10日，全斗焕在蚕室体育馆召开民政党全体会议，指定他在陆军士官学校的第十一期同届生卢泰愚为民政党第十三届总统候选人，试图保住军政权。

在这种形势下，首尔大学在校生朴钟哲经警察严刑拷问致死事件曝光，由此爆发了从6月10日起持续半个月的全国性大规模游行示威。

6月26日，全国37个城市一百多万人参加示威，声势浩大。由于警力不支，政府计划投入军力加以镇压。但迫于垮台危机，全斗焕政府终于不得不向民众妥协，同意民众直选制改宪要求，发表了六二九宣言。

1987年6月15日，当时我在富平S第一教会带领布道盛会。6月18日，带领周四晚间聚会时，神通过伴有灵感的异象，将六二九宣言及其内容启示与我。在所赐的清晰灵感中，神藉着圣灵的声音指示我这个国家将要发生巨大变革。我意识到此时局势十分紧迫。

次日6月19日，我在本堂周五彻夜礼拜时，以缩略文字的方式发布该信息于当周发行的周报上。当时六二九宣言发表之前，政府未曾透露任何相关信息，民众对此一无所知，再者这是人们做梦都想不到的事。

1987年6月21日周报上登载预言

我考虑到当时独裁统治形势下高度紧张的社会氛围，将预言内容以缩文倒写的方式登载在6月21日周报上。该周报至今仍有保存，缩文倒写文字如下：民 改 衰 势 统 计 枪 头 卢 候 统。于7月5日主日礼拜时，我向圣徒们对此做了详细释解。

释义为：全斗焕为了支持总统候选人卢泰愚，发表了"四一三护宪措施"声明。然而好比头部中枪毙命，"护宪措施"计划完全失败。随着民众抵抗的升温，全斗焕总统的势力衰弱，以至不得不向民众妥协，使卢泰愚发表六二九宣言。

随后直选制提案通过，改宪获得成功，拉开了民主化时代的序幕。

六二九宣言八项主张如下：

1. 实行总统直接选举的制度，1988年2月和平移交政权；
2. 修改总统选举法，实施公正选举；
3. 对受监禁的金大中和其他政治犯实行大赦；
4. 保证基本人权和法治；
5. 保证新闻言论自由；
6. 实施地方自治；实现大学自律化教育自治；
7. 确保政党的基本权利和活动；
8. 保障社会稳定，促进公共福利。

总统大选结果的预言

1987年12月，第十三届总统大选之际，我向神求问：

"主啊，您对此次大选的旨意如何？这次由谁当选总统？"

神启示我这次大选卢泰愚将获选总统。神又给我看见一个异象：卢泰愚之后，金泳三候选人乘着马拉花车进入青瓦台，接着金大中候选人乘着马拉花车进入青瓦台。

神又告诉我说金泳三候选人和金大中候选人若是彼此携手联合，必由金泳三候选人当选总统，之后由金大中候选人当选总统。主给我显现这一异象,并告诉我祂的旨意是两人合一联手,但这次他们不能达成联合,使得卢泰愚候选人当选总统。

并说卢泰愚候选人的得票率将超乎民众的想象,其次是金泳三,再次是金大中,最后是金钟泌候选人。

神预先指示我只要金泳三和金大中候选人联合,金泳三必先进入青瓦台,并且揭晓二人合一联手的方略。

我依此信息写了一封书信,藉由某位圣徒传达到金泳三候选人府邸。这位圣徒到访其在上道洞的府邸时,金泳三候选人已去釜山举办选举游行,便把这封信交给其夫人孙明顺女士。孙女士当面读了那封信后,答应要转交给丈夫。这封信的副本至今仍保存在教会里。而当时两位候选人因没有选择联合,便给卢泰愚候选人的胜选提供了机会。

第六章

教会的
成长与试炼

剥夺发言权，议事槌折断

教团合并编入新教团

我们教会本属于耶稣教大韩圣洁教会联合会。自教会开创以来，我不遗余力地支持教团的发展，教会也在顺畅有序的教团环境中取得稳步的成长。

1988年12月13日，时值我神学院恩师孙泽九牧师任联合会总会长。当时经孙泽九牧师的提议，我们所属的教区和安阳教区合并，我们教会被编入安阳教区。

当时我们教会正取得瞩目的成长。当我们的第五个支教会——水源万民教会成立，总会就拿我们支教会的名称作文章，行使教权，责令去掉"万民"二字，我们只好把教会名称更改为水源德友教会。

1989年12月,我接到总会传讯:上午十一点到总会接受审查,核对违纪事实。我于12月18日,上午十点三十分到达总会办公室,一直等到十二点却无人给我传信。

十二点过了良久,才有人来催我进去。会议室里坐着总会的六位牧师,一见我就发出一连串的提问。牧师们的聚会本应以祷告或礼拜为开头,他们却没有,这令我感到十分意外和失望。

"李载禄牧师:据说你扬言耶稣三四年后会来,是否属实?"

"没说过。"

"嗬!还敢撒谎,看来你这个牧师已经说谎成性了!"

面对这种荒唐的提问,我感到十分无奈。他们不准我对提问做出任何辩解,只许我回答是或不是。

"拥有数千信徒,原来全靠这张骗人的嘴。要是像你这样欺诈哄骗,谁不会发展数千信徒?"

"据说你能领受启示,除了神在圣经66卷书上的言语以外,另外还有什么启示吗?"

"这不合事实。"

"撒谎!"

"有消息说你宣传圣徒无需上班,学生无需上学?"

"从没说过。"

"据说你们教会圣台上跳巫舞,有没有这事?"

"没有。"

始终都是这种荒唐无稽的提问。提问的内容尽是臆测、论断和诬告，而他们不给我任何辩解的机会。

审理部长S牧师向我提出他们事先准备好的九项提问。当时我还没认清这所谓的审理，就是他们为以后的判罪罢黜设计的套路。

随后他们将一份公文发到教会来，要意是：要尽快纠正九项错误，否则将依照审理部的判决进行处置。

其内容包括：立即停售我的信仰见证《死前见真光》和讲道磁带；支教会不准使用"万民"称号；禁止在教会里跳圣舞（表现诗歌内容的舞蹈）……，尽都是令我无法接受的条款。

就此公文，我将表明本教会立场的答辩书提交到总会，文中表示：教会行为中未发现有违神道之处，故提笔上诉澄清事实，如有其他可责之处，愿受指教并处罚。数个月后，总会再次发来公文，简短一行字："辩解无效，驳回上诉。"

查封并被剥夺发言权

1990年4月30日和5月1日为期两天召开了教团会议。我时为教团总会的大议员，和本教会的两位长老大议员一同参加了会议。我进入会场找自己的席位，却哪里都寻不见我的名签。我意识到他们要罢黜我的阴谋。我的名字已从大议员的名单中删去。没有席位意味着没有发言权。

为了澄明事实，我坐在后排，观看会议的进行。5月1日，会议召开，会中提到我的名字，审理部长S牧师起来公布我的"罪状"。他们剥夺我的发言权，按预先设谋和布局的进行操作。而他们所提及的一连串"罪状"，尽是无中生有的诬告、编造的谎言。

"李载禄牧师扬言知道主再来的日期。他的见证书籍第x页有相关内容。"

我迄今从未说过主哪一天来，我也不知那日子和时辰，见证书籍里更是从未提及。然而在场的人们因不能当场确认书中内容，便信以为真，进行投票。

"如上所述，李载禄牧师行径恶劣，应免去其职务。同意的请举手。"

这天议决我罢免案的会议上，三百多名大议员中大多数人中途离席，只剩九十余人。举手表决的有三十人，都是预先合谋的地方会大议员。我们在后排数点举手人数明明是三十名，司会的却说"有四十八位大议员举手表决，人数已过半，现在正式宣布议案通过。"并用力敲下议事槌。三百名大议员中仅有三十名举手，对我的罢免案居然就这样通过了。

议事槌折断

而司会的拿起议事槌敲打的那瞬间，议事槌的圆头"啪"的一声就断掉了。议事槌一敲即断，实属非同寻常，这何尝不是判决天理难容，神不喜悦的显证！

而我作为受害者，已没有任何发言权。此时李正灏长老不顾别人的阻止，奋起发言：

"今日会上的所有指控，全都不合事实。还没听到李载禄牧师本人的发言，怎能判定他有罪呢？当事人就坐在后排，大家应该听听他的辩解。"

"那就给李载禄牧师一次发言权，请你回到自己的席位上。"

然而司会的不守承诺，始终不给我发言的机会。回到大议员席位上的李正灏长老，见会上仍不给我发言权，便大声抗议道：

"请问议长：明明答应给堂会长李载禄牧师发言的机会，为何到现在还不兑现呢？"

司会者不屑李正灏长老的抗议，急忙了结了这一桩罢免案。从早晨起，为了得到发言的机会，我顶着羞辱等了七个多小时，但最终未能如愿。死刑犯也有发言的权利，独裁政权下的法庭也会给当事人发言的机会。然而他们始终不给我发言的机会，只管蓄意压制一个无辜的人。

圣经对诉讼的原则

圣经明文规定"控告长老的呈子，非有两三个见证就不要收"（提摩太前书5章19节），何况对一名神的仆人，岂不更当给予辩解的机会。而他们封住我的口，罗织种种罪名，通过弄虚作假得逞罢免我的阴谋。

当扫罗出于嫉妒追杀大卫时，大卫虽获两次可杀扫罗的机会却没有下手。他说："我的主乃是耶和华的受膏者，我在耶和华面前万不敢伸手害他，因他是耶和华的受膏者。"（撒母耳记上24章6节）

因为扫罗虽被神厌弃，但他毕竟是受膏的君主。受膏的神仆是神所掌管的，人不能任意处置。而他们擅自罢免了我牧师圣职。

只要回答"是"就可获免

这天参加会议的几位牧师，带着惋惜之情劝勉我说："牧师啊，这事都因教会壮大遭人嫉妒所致的结果。只要您说一句'是'，就可以摆脱这场危机。因此得到豁免，成功发展教会的例子不也很多吗？牧师您也一样。他们指着可乐说那是汽水，您就说'阿们'，把汽水说成是可乐，您也照样'阿们'，这样，一切都平安了。"

然而我没有向不义妥协，一心走正道，就像但以理为了持守神的道，甘愿落入狮子坑里；但以理的三个朋友为了持守对神的信仰，宁愿被投进烈火的窑中。他们不依赖世界，单单仰赖自己的神。

这一消息在教会里传开，数百名圣徒到陷害我的主谋两位牧师那里表示抗议。知道这一黑幕的许多教团成员牧师们也纷纷致电加以谴责。

于是总会长牧师打来电话约见。

"现在只要你说一句话，既往不咎，并且恢复你的名誉，复原以往的关系。就是承认那九项错误。"

但我不能承认，因为那些都不合事实。我不能为了不被免职，向违背真理的事妥协。在那一周间，我极其忧伤和哀恸，体重减轻了四公斤。想到那对我罗织罪名，进行诬陷的两位牧师，我心里十分痛惜和哀伤。

据说时任教团总会长K牧师，在私下里多次表示"万民中央教会并无违背圣经之处，并非异端"。我写了一封《上天必显公义》的信，将辩明事实真相的内容，超越教派，发送到全国各地的教会。

经过此事以后，当我屈膝向神祷告时，神指示我说：

"你本可以主动退出教团，以免蒙受被罢免和开除的羞辱，但你不容自己背信弃约，宁可放弃那条路。这才是我的仆人或儿女所当具备的品质。你选择的道路是正确的。不过多时，我将你高举为教界的领袖。"

神引导我成立新的教团，使我能够不受任何约束和拦阻，尽情开展圣工，成就神的旨意。1991年7月1日，耶稣教大韩联合圣洁教会（联合）总会得以创立，我被当选为第一任总会长。胜过这场大试炼之后，神赐予我更大的权能。

全国各地带领布道盛会

受邀到全国各地

1986年,被按立牧师后,我应邀到全国各地带领布道盛会。

1987年以后,我每月在大邱等地带领超教派的布道盛会,布道内容主要是"呼求祷告"、"为何除耶稣以外别无救主"等"十字架之道"的信息。

经过第一天聚会,到第二天和第三天,牧会者们对我的态度越发谦卑、恭敬,和头一天有明显的不同,因为通过证道领悟到神道的属灵蕴意,疑难部分豁然开朗,生命得到造就。

带状疱疹得医治的赵芬韩劝事

1990年3月，我应大邱S教会的邀请带领布道盛会时，访问赵芬韩劝事家庭。

时龄77岁的赵芬韩劝事患有带状疱疹，极其痛苦。劝事的外孙黄俊河执事，当时在高丽医学院攻读博士期间，作为一名军医官，于庆尚南道镇海市服兵役。信仰虔诚的黄俊河执事，多次请假照料病患中的外祖母。劝事渴慕神的道，曾经一段时间在我们教会经历信仰生活。

赵芬韩劝事因病皮肤发生水痘，并且化脓，伴有后遗神经痛。由于病毒引起体内神经发生炎症，产生剧烈的疼痛，昼夜发出痛苦的叫声。

她卧病在榻，手脚蜷缩，双臂不能活动。不能寝食，瘦骨嶙峋，只盼死期来临。护理劝事的家人也备受煎熬。

我把手放在她身上，恳切为她祷告。祷告已毕，毫无气力的劝事突然大声喊叫起来。

"鬼要出去了。"她喊叫时，突然把右手高高地举了起来。她的右手原是难以活动的，因为颈部和肩部生了带状疱疹。劝事随后起身坐起来，感觉到病魔从自己神上离开。她的病就此得到痊愈。

蒙神医治之恩的这位劝事，推辞在大邱K大任教授的女婿以及儿女们奉养请求，一人上到首尔，在我们教会附近长期租住一间房子，殷勤祷告，灵恩充溢，身体一直很健康。

大邱联合盛会遭到拦阻

1990年5月4日，我应邀在岭南宣教会主办的大邱舟岩山祷告院聚会上讲道。这日人聚得特别多，全场爆满，圣殿下坛乃至上坛都没有空位，甚至门外也挤满了人，人们卸下窗户，隔着门洞参与聚会。唱诗班员们由于进不到殿里，只好在门外献诗。这场聚会有许多教牧神职人员参加。神因着祂丰富的慈爱，将医治的恩典施与会众。

舟岩山聚会圆满结束。主办方次年在大邱室内体育馆再次举办布道盛会。当时有很多团契组织为此盛会同心祷告，给予支持和后援。然而，曾经诬告我的那个教团，试图破坏此次盛会，进行亵渎毁谤。

召开聚会前一周周五礼拜时，神的话语临到我说：全体圣徒要作一天禁食，击退"撒但一会"。直到那时我还不知道大邱发生了什么事，周六晚上听取从大邱回来的工人汇报，才得知那里的情况。

曾经诬告我的那个教团，给我贴上异端的标签，并将关于我异端判定和罢免除籍的公文发至主办方名誉大会长以及各传媒、各机关团体。并以大邱为中心，散布到全国各地，阻挠盛会的召开。当时协助盛会筹备的牧师们所委身的J教团发出公告于各教会，文中写到："李载禄牧师是异端，凡协助这聚会的牧会者，均同视为异端。"因而那些同心祷告，协力筹办盛会的支援团队和牧师们纷纷打了退堂鼓。各种流言蜚语四处扩散，聚会被取消的谣传很快遍及大邱。

　　1991年3月18日，还没来得及表明我们教会的立场并澄明事实真相，盛会就照预定的日期召开。信了那些公文内容的支援团队与我们断交。然而许多牧师们顶着教团的压力，按着约定担任主持等，各司其职。他们参与盛会，领受所赐的丰盛恩典，令我庆幸感恩。

　　神感动我们教会的众圣徒，到大邱投身于盛会的筹备工作。盛会变成由我们教会主办，体育馆里聚集了很多人，始终在神丰富的恩典中进行。

　　尽管经历了仇敌魔鬼、撒但的亵渎搅扰，但盛会依然在神的恩典中成功召开。神使万事都互相效力，成就了此次盛会。参透万事，看透人心的神，事先吩咐众圣徒同心合意禁食祷告，摧毁了破坏盛会的阴谋诡计。

　　"……神若帮助我们，谁能敌挡我们呢？……谁能控告神所拣选的人呢？有神称他们为义了。（或作"是称他们为义的神吗？"）谁能定他们的罪呢？……然而，靠着爱我们的主，在这一切的事上已经得胜有余了。"（罗马书8章31-37节）

惟凭信心扩迁圣殿

向神呼求

1987年3月，由于现有的圣殿容不下日渐增多的圣徒，教会准备扩迁至更宽敞的地方，大家为此同心祷告，四处物色。

恰好我们最初建立教会的新大方二洞有一大楼竣工，便租下该楼的第二、第三层，进行扩迁。

4月13日至17日，召开扩迁圣殿纪念布道盛会。盛会专题为"凡称呼我'主啊，主啊'的人，不能都进天国"，分述关于"恩典"、"圣灵"、"信心"和"永生"等内容。盛会结束后圣徒人数快速增长，过了三个月，400多坪的空间已完全饱和。

和现在一样，当时我们教会每晚进行三个小时的但以理彻夜祷告会。教堂窗户均用泡沫板封口，以免声音传到外面造成扰民。虽用尽了一切办法，但由于房子本身未做任何隔音处理，难免有一定的声音传到外面。好在教会前面有个集市，周围没有居民住宅。

有一次社区商会提案，指出我们教会夜间祷告声音造成扰民。而那商会的一位妇女替我们辩护说："据说那个教会为了隔音，炎炎夏日也不开门窗，甚至用泡沫板封闭门窗。我听着那祷告声音好像催眠曲。"从此，无人再提此事。

有一次派出所接到有人举报我们教会。而负责受理的派出所民警对那举报的人说："在你酣酣入睡的时候，那个教会的圣徒们却在热心地为我们祖国祈祷，那点事就不必计较了吧？"投诉的人听见这话就哑口无言了。

因神的作工脱离危机

神为了使我们圣殿扩迁至更宽敞的地方，许可了一场试炼。

1988年4月，每逢礼拜，本堂乃至办公室、阶梯，甚至走廊都已挤满了人。当时这座楼地下是商场。生意十分萧条，商铺一个接一个倒闭停业。我们教会计划买下这地下一层，与房主签了合同。附近市场的商户和居民合伙反对教会入驻，并且造谣我们教会要赶走商铺。

他们合谋一到主日就在教会门前祭祀鬼神，打锣击鼓敲盆，大大喧闹。虽然报了警，但警察蓄意等到闹事结束才到场。原来此事背后暗藏着政治阴谋。

当时在野党人士S先生与我有交情，此人多次访问我们教会，为了胜选在竞选之前接受了我的祷告。S先生果然获选。败选的执政党候选人认为我们教会支持在野党，下届选举他们也很难取胜。于是动用权谋，指使区政府、警察署等驱逐我们教会。事后过了良久，我才得知这一内情。

教会工人们忍无可忍，纷纷表示要到区政府进行抗议，并要通过法律来应对时，我进行劝阻，并用神的道规劝众人不可以恶报恶，只要以善胜恶。

圣徒们顺从我的意愿，恒心包容忍耐，极力安抚居民，而他们得寸进尺，闹剧愈演愈烈。街道办事处、区政府，还有街道主任、社区组长、妇女会长，甚至老年会馆的老人们也参与扰乱，到教会前面阻挠礼拜。消防部门也天天来查，蓄意找茬。

而我只是专心向神祈求仰赖。有一天，那些企图驱逐教会的人们向我发来约见书。我到约见场所街道办事处会议室，新村金库、区政府等机构代表十余人坐在那里。

"牧师，我们大家向您求救。我们非常痛苦。完全是掉进地狱的感觉。"

"我们也想离开这里，但没有足够宽敞的地方，而且缺少资金。"

"牧师您说迁移圣殿需要多少资金？"

经他们吐露详情得知，原来神已开始动工，那些带头企图驱逐我们教会的人们，自从闹事开始，要么身体出现异常，要么发生某种疾病。

听到这一消息,众人开始惧怕,肇事主谋们更是恐慌,感觉自己快要落入可怕的地狱,便急忙向我请求约见。

他们照我们所提出的,拿出三亿韩元迁殿费用。对一个连数千万积蓄都没有的教会来说,这可是一笔庞大的资金。

据经上所记,亚比米勒误以撒拉为亚伯拉罕的妹子而取之,神就在梦中向亚比米勒显现,告知撒拉为亚伯拉罕的妻子,且令他将撒拉归还与亚伯拉罕。

亚比米勒照神的吩咐,不仅归还撒拉,又把牛羊、仆婢赐给亚伯拉罕(创世记20章)。经神的作工,亚伯拉罕不仅安然脱险,而且获得赏赐。照样我们教会也因着神的作工,既摆脱危机,且所获甚丰。

神预备之地近在咫尺

"求神赐我们1500坪以上的面积。"

教会附近有1500坪的建筑,为了购得这座建筑,圣徒们正在恒切地祷告。

1990年的某一天,媒体报道说波拉美公园里的空军士官学校要搬迁,这里将变成市民公园,首尔市政府向私人出售公园内部分地皮。

我感悟到神在波拉美公园里为我们预备了建造圣殿的地皮。

若能在波拉美公园里建造教堂，定有很多优势！我想当年开拓教会时，神把我们指引到新大方洞的原因就在这里。当我为波拉美公园内的地皮祷告时，主的话临到我说："我把那地赐给你们，你们要赢得那地。但圣徒们必须显出相称的信心。当你们获得那祝福之地，之后的事宜，由我负全部的责任。"

我们教会虽然中标，但照当时圣徒们的信心，就连1000坪都难以购得。显出信心的圣徒只有数十名。

神将以色列百姓引向迦南地，而以色列百姓因不顺从的缘故在旷野倒毙，只有他们的子孙得以进入。我们未能显出足够的信心，神就将我们领入第二选地九老洞。神在九老洞为我们预备了2400余坪厂房。

九老洞迁殿礼拜和不断的诋毁谤讟

将我们引入九老洞的神

主导我国产业化发展的九老工业园区，当时许多工厂坐落于此。九老洞圣殿是我们教会第四圣殿，乃为信爱电子公司原址。我曾在这家公司倒闭前见过该公司老总。

"堂会长，我觉得在我们公司地皮上建立万民中央教会正合适不过了。"

老总领着初相识的我参观他的公司时，对我说：万民教会要是建在这地方正合适。我立刻回应他说"阿们"。后来信爱电子公司破产，老总避难到美国，玄信爱劝事接管该公司。但因公司债务巨大，再加上数百人连日示威，催要拖欠工资，实在难以承受。于是玄信爱劝事希望公司地皮能归于神家使用，便逐一提起教界有名牧师们的名字，向神恳切祈求。

最终蒙主指示："将此地归给我所爱的仆人李载禄牧师。"她经过多方打听查询找到了我。我接到劝事的电话后，到其当时在龙山的聚会场所进行拜访，并正式向她致谢。1974年，我在玄信爱教会得蒙医治后，曾当面向玄信爱劝事表示谢意。而后我作了主仆之后，再也没有见过她，所以她对我没有任何印象。

玄信爱劝事向我细述找我的经过。我顺着神的感动，决定收购这一地产。收购此地需要一百亿韩元，解决职工拖欠工资需要二十亿。

九老洞圣殿迁移礼拜

1991年2月10日，我们把新大方洞教会扩迁到九老洞，献上了迁殿礼拜。我们一边偿还公司债务和拖欠工资，一边将厂房改造成圣殿。搬迁时我们手头只有原圣殿退回租金三亿韩元。按现实来看，带着这么大的圣徒群体，凭靠这一点资金，实在是寸步难行。

然而我们坚信这是神的引导，就凭信放胆往前推进。搬迁过了一年，银行再次进行拍卖，但我们没有足够的资金。银行方面说"众所周知，教会已给许多人排忧解难，又投入大笔资金进行改造，用作教堂，谁还能针对这样的教会搞房地产投机？"并劝我们等到竞拍价格降低了再购入。

但现实恰恰相反。某企业以投机牟利的目的购入这地,并向我们发来搬迁通告。

当然,当时我们非但没有地方可迁,更是没有能力搬迁。

1992年2月15日,购买方鼓动百余拆迁队员,强行将教会设备器具搬到门外。教会职员们不顾暴力殴打,拼力进行阻止,但仍无济于事。拆迁队员把家具器物挪到殿外就走了,圣徒们又将其搬会原处。购买方指控教会违反了法律。

神通过这件事,使圣徒们祷告更加尽心,对圣殿爱慕更加热切。

而且感动购买方与我们教会重新签约,我们可以力所能及地逐步进行偿还。

首尔地区福音化大盛会遭受亵渎

1992年5月18日至21日,一九九五民族统一禧年大盛会筹委会所主办的"首尔地区福音化大盛会"在我们教会召开。该盛会获得民族统一福音化运动本部主管,国民日报社、亚细亚广播电台、基督教广播电台、基督徒新闻社、韩国教会新闻社,以及警察厅警牧室后援。

然而,仇敌魔鬼、撒但为了破坏这次盛会,进行百般的亵渎和搅扰。向特邀讲师申玄均牧师、洪在喆牧师等教界名牧施加压力,阻止他们在盛会上证道。理由是:李载禄牧师是异端,受过教团组织免职处分,在这聚会上讲道,必受亏损。

然而，受邀为讲师的牧师们知道我是坚持福音主义信仰路线，以爱主为至上的牧会者，所以没有一人退缩。盛会照计划进行，在圣灵的运行中圆满结束。

另外，当年9月14日至17日，韩国基督教复兴协会主办的"首尔市民福音化联合盛会"在我们教会召开。包括李宗万牧师在内的八位牧师在会上证道。

与耶圣（安阳）教团和好

1992年2月，我们创立的新教团日趋发展壮大，曾诬告过我的耶圣（安阳）总会就按捺不住了。时任耶圣（安阳）总会长Y牧师，通过韩国基督教总会及教界传媒，针对我们教会屡次散发传单，诬告诽谤，造谣炒作。

持续不断的亵渎毁谤，严重损坏我们的名誉，福音传播受到阻碍，于是我们教会的代表们以损坏他人名誉罪指控Y牧师。

Y牧师得知自己这次罚金和坐牢的结局在所难逃，心里恐慌，便向我神学院恩师孙泽九牧师求情，向我转达撤诉请求。孙泽九牧师说Y牧师已表示此后退出教界活动，专心做自己的牧养工作，恳切地希望我能撤回起诉，与之和好。我考虑到Y牧师年事已高，让他坐牢于心不忍，便答应了孙泽九牧师。但受理此案的律师极力反对撤诉。

"不能撤诉，不能再容忍这种事。我们调查过他们的行径，这次如果不从根本上解决问题,他们必会卷土重来。"

我不顾律师的反对,和对方签订协议,并撤回了起诉。1993年4月20日,双方会面签订协议书。双方盖印的这份协议书保存至今,Y牧师在保证书中写到:"本人对散布传单,损害李载禄牧师和教会名誉深感亏欠,保证今后不再发生类似事件,而专注于牧会工作。"然而,正如律师预见,尽管予以宽恕并撤诉,他们却再次对我们教会进行无休止的毁谤。并且声称:Y牧师的道歉并非代表总会长的资格,纯属个人声明。

基于圣经的异端定义

否认赎买自己的主

耶圣教团的诬陷定罪,以及我们教会的迅猛发展,使我渐渐成为众人关注的焦点,同时也蒙上了"异端"的污名。

很多人虽从未见过我,未曾听过我的讲道,也不曾来过我们教会,却单凭他人口中的谣传,就断定我有罪。

据圣经记载,以爱耶稣为至上,倾尽生命传主福音的保罗,也被人称为"癫狂了"、"如同瘟疫一般"、"拿撒勒教党里的一个头目"(使徒行传24章5节)等,屡受辱骂,常经逼迫。

基于圣经的异端定义么,基于圣经的异端之定义是什么?这是我们务须认清的命题。

彼得后书2章1节:"从前在百姓中有假先知起来,将来在你们中间也必有假师傅,私自引进陷害人的异端,连买他们的主他们也不承认,自取速速的灭亡。"

这里"买他们的主"是指耶稣基督。在耶稣被钉十架受死,复活,完成基督的使命之前,圣经上未曾提及"异端"一词。

旧约圣经和记录耶稣传道圣工的四福音书,即马太福音、马可福音、路加福音和约翰福音中不见异端二字,亦同此因。

四福音书中那些逼迫耶稣的文士和法利赛人,以及祭司长和大祭司长也都没有指耶稣为异端。到了耶稣死而复活,完成救主的使命之后,才出现否认"买他们的主",即否认耶稣基督的人,并且多处出现警戒异端的内容。

"耶稣"的含义是:"要将自己的百姓从罪恶里救出来"(马太福音1章21节);"基督"是指"受膏者":耶稣被钉十架,死而复活,完成了基督的使命,成为全人类的救主。

因此,我们结束祷告时,比起"奉耶稣的名求","奉耶稣基督的名求"更具完整的意义。

约翰一书2章22节:"谁是说谎话的呢?不是那不认耶稣为基督的吗?不认父与子的,这就是敌基督的。"

由此可见,异端指的是否认三位一体的神(圣天父、圣子耶稣基督、保惠师圣灵),不认耶稣为基督的人。因此,指着信奉三位一体的神,承认耶稣为基督的个人或教会为异端,便是与神相对。圣经告诫我们不可抵挡那些有神的同工,显现圣灵作工的教会。

人若擅自定之为异端，便是亵渎、干犯圣灵，圣经警告这样的人"今世来世总不得赦免"。

圣灵是三位一体的神，将圣灵的作工为说成是魔鬼的作为，随意论断，定罪，并称之为异端，便是指神为魔鬼、异端，这样的人岂能与救恩有份呢？

马太福音12章22节以下记载，法利赛人看见耶稣医好那因被鬼附又哑又瞎的人，就说："这个人赶鬼，无非是靠着鬼王别西卜啊！"耶稣对他们说："所以我告诉你们：人一切的罪和亵渎的话，都可得赦免；惟独亵渎圣灵，总不得赦免。凡说话干犯人子的，还可得赦免；惟独说话干犯圣灵的，今世来世总不得赦免。"（马太福音12章31、32节）

法利赛人将耶稣靠着圣灵所行的权能称之为鬼的作为，便是亵渎圣灵和干犯圣灵，是永不得赦免的重罪，与救恩无缘。

经历流血的试炼

累致虚脱

1992年6月，我经历了神所许可的一场熬炼。原因是：经过几次难以言说的大试炼，经常失眠，不得休息，疲劳日益加重，再加上很多教牧者和工人停歇祷告，悖逆神。

当时我独自一人承受太多的重担和压力，很有可能导致脑出血。圣徒们病了，由我给他们祷告，要是我患脑出血而倒下了，后果将会如何？然而，为防止我脑出血的发生，神使我鼻子里的血管破裂，将血排出。

1992年6月13日，星期六。为了主持一场婚礼，正准备外出时，突然鼻孔出血，我不得不把主婚的事交给一位副牧师。血不停地从两个鼻孔和口腔流出来。这天下午血流了整整一个半小时。到了晚上又流了一个多小时。我只能继续保持垂头静坐的姿势，因为把头昂起来，血会流入口腔内，堵塞呼吸道，难以喘气。

主日早晨，正要洗漱的时候，血又开始流起来，使我无法去教会。血止不住地从鼻孔里流出，又淌入食道，血流量异常之大，令我十分稀奇：这么多的血从何而来！

听到这一消息的副牧师和领头的工人一百多人，急忙从教会赶到我的住处。血依然喷流不息，我身边的工人们先是用卷筒纸和毛巾来擦，后来不管用，便直接拿洗脸盆来接。众人了解我的信心，从不依赖世界，因而没有一人劝我上医院。

当时我很想听赞美诗歌，把我的意愿告诉身边的人，有人过来为我唱起了诗歌。听着那首诗歌，我心里临到所赐的平安，想去天国的心变得更加迫切。

我的气力渐渐耗尽，身体虚脱，精神恍惚。浑身的血液已流尽，面色苍白，没有睁眼之力。而我感觉，此时我的灵却是无比地清澈明洁，安详和悦。

生死抉择

此时，神使我在清晰的灵感中，得知主的仆人和圣徒们的灵性状态。我嘱托众人要离弃骄傲、论断等神所恨恶的罪性，并向家人留下了遗嘱。后来得知，当时教会全体圣徒同心合意为我祷告。

脉搏停止，呼吸断绝，在失去知觉的那一刻，我经历了灵魂脱身。后来听说当时在旁的李正灏长老等几位工人哭着呼求："神啊，求您救救我们堂会长！"摸我手腕，脉搏已停止，摸我胸口，体肤已冰凉。此时，主向我显现说：

"我的仆人，你想进入我的怀抱，还是活过来，继续担当使命？"

"主啊，我愿进入您的怀抱。"

当时我住的是月租房，没有住房，没有积蓄，但我心中却没有对家人的担忧，只有早日得进天国的愿望。此时，主给我看见两个场景：

在我归主怀抱之后，魔鬼趁机扰乱教会，圣殿被毁，许多圣徒成为没有牧者的羊，追恋世界，直奔死亡。有些圣徒禁食，祷告，凭信奔走天路，而大多数圣徒迷失目标，背离教会，沉迷世界，滑向地狱。见此情景，我顿然醒悟。

"主啊，我要重活。我要完成建造圣殿的使命，和圣徒们一同到主面前来。"

当我向主祈求时，忽然从天上发光，向我照耀，有一股强大的力量临到我身上。我蓦地起身坐了起来，向人要水喝。后来得知，当时喝水，水就在体内化作了血液。

我站起来，走到客厅。没能进到我房间的圣徒们，正聚在那里为我流泪祈祷。众人看见我，稀奇又高兴。我和圣徒们一一握手，彼此交流。脸上泛着微红的血色，一点都不像流尽了血的人。那时意识还不是十分清楚，从别人口中得知大概的情形以外，其它一概想不起来。

尔后，我一流血就喝水。我素常喝饮品，很少喝清水，不知怎的，此时特别想喝清水。流了大量的血，若得不到及时供血，死亡是必然的。而我相信神能变水为血，就像主在迦拿娶亲的筵席上变水为酒那样。

因我知道自己流血是在神的旨意当中，所以毫无依赖世上医术的念头，专心信靠那全知全能的神。

我不会为了存活而选择去医院，因为神要收回我的灵魂，我就不必求生；只要是神的旨意，面对死，我也在所不辞。了解全能的神，靠神的大能医治许多病人的我，要是不凭靠信心仰赖神，以后如何教导圣徒们要凭信心求神的医治呢？

所以我不倚靠医院，宁愿选择死。我给家人留下遗嘱，在无所忧虑，幸福安详中迎接死亡，但我的死并非神的旨意，神使我重新活过来。

通过了"亚伯拉罕的试验"

这天血流止息，吃了晚饭，我就前往祷告处。但到了晚上，鼻血又止不住地喷流，流了整整一个半小时。到了次日早晨，血又开始流。不能进食，也不能躺卧。因为一躺下，血会流得更加厉害，我只好把上身斜靠在墙上，垂着头静静地坐着。主日在祷告处，我打开我以前的讲道录影带"耶和华是医治者",向神献上了礼拜。作"医治祷告"的时候,我就把手按在自己头上,接受了祷告,随后血就止住了。通过这一体验,我深深体会到圣坛上所作的医治祷告之威力。

我仔细算过我流血时间:八天,三十次,共二十四小时。流的血估计相当于我全身血量的数倍。一流血我就喝水,水在我体内随即化作了血,就这样反反复复一连持续了八天。神试验我八天,但我只有感恩称谢,不像约伯那样哀叹和发怨。我即便死了,也是归入主的怀抱,在天永享幸福欢乐,何必悲哀忧伤!

只要躺下来,血就流得更大,我不得不一直保持低垂头静倚坐的姿势。其间我一直深省反思。想到自己从神领受了许多能力,却没能把圣徒们带进全备的信;未能管理好教会的同工;建堂的使命至今未能完成等,在神面前深感亏欠,夜不成眠。我带着懊悔的心,度过了八个不眠之夜。

只要神愿意,我甘心将我的生命献给我的神。神喜悦我的信心,在第八日使我死而复生。神告诉我已通过了为主舍命的试验,就像亚伯拉罕通过了献独子以撒的试验那样。通过此事,我得了神更进一步的信任,并且领受了更大的权能。教会的工人和圣徒们也得以觉醒,教会的根基也更加稳固。

警戒"限期末日论"

将末时的圣徒培育成"麦子"圣徒

教会开拓之后不久的1984年,我从神领受关于末时预兆的启示,并在讲台上传讲,包括南北关系的变化、兽的印记666,以及欧洲各国要结盟一体等内容。

时值南北关系十分紧张,信用卡还未普及,我所传讲的这些信息,也许让人听起来感觉匪夷所思。

耶稣曾哀叹道:"然而人子来的时候,遇得见世上有信德吗?"(路加福音18章8节)我为了使生活在这末时的圣徒们成为拥有真信心的"麦子圣徒",不遗余力地栽植信心于众人。

然而,我讲的是末时的预兆,经过谣传,竟然把我定为了"限期末时论"者。当时关于我的新闻经常出现在各种报刊传媒,名气日盛,但随之也出现一些负面现象。有的媒体报道和我说的完全不符;限期末时论者L牧师谎称我和他一样,试图借托我的名证明自己的论调。

大多数传媒对我的报道是正面的,而某月刊发行人尹某某,发布信息污蔑我是限期末时论者。但我没有采取法律措施,也没有进行辩驳,因我相信到了时候一切必得澄清。

一直以来,我的讲道都有录音,并且广为销售。教会开拓至今,我时常教导圣徒们要像马太福音25章预备灯油的五个聪明的童女那样,要时刻警醒,信仰虔诚。

"圣徒们,你们在书中是否看到我说'10月10日,或10月28日,主必降临'?今天我们圣徒当中有否相信或者传播这种信息的?断乎没有。若是这样,我们就大大得罪神了。至今大家是否从我口中听过1992年主再来的论说?当然没有。直到如今,我单单传授神的真道,教导大家离弃罪恶,进入光明,成就仁义,模成主的形像,作好新妇妆扮。即便主说明日要来,我们今日也要种上一棵树。"
(1992年1月19日主日讲道"你们要警醒"节选)

"马太福音24章里,门徒问耶稣说,主的降临和世界的末了,有什么预兆。耶稣仔细告诉他们世界的末了,主降临之际将必出现的各种现象。据此,我们能够知道世界末了的预兆。……对于'1992年10月耶稣再临说',信以为真的是迷了心窍;清醒辨明的则斥人痴疯。

大家的意见如何？大家若是爱神，并且明白神的旨意，自然辩知其荒谬，不至为之所动。大家不要听信那种论调，我们得救乃是因着信，非因预知主何月何日降临。

耶稣是我们的救主，祂代赎了我们的罪，我们惟有信靠耶稣，得蒙赦罪之恩，成为神的儿女，才能得进天国。然而那些人宣称'主何月何日降临，只有相信并传播这一讯息的人才能得救'。这是多么荒谬的说法！完全违背圣经的教训……。"（1992年5月31日主日讲道"有什么预兆"节选）

第七章

为我们拓展圣工的神

世界宣教之门大开

在世界圣灵化大盛会上

1992年5月,我带着教会尼西管弦乐团,应邀参加总统和政要们出席的国家早餐祷告会。

当年8月14日和15日,在汝矣岛广场召开的"1992世界圣灵化大盛会"上,我作为主席团成员,担任盛会主持。世界圣灵化大盛会,以"圣灵大能更新世界"为专题召开,聚会人数达100万人次,为超大规模的盛会。我们教会尼西管弦乐团和200多名诗班成员及400多名圣徒,带着欢喜的心,流着辛勤的汗水,在交通疏导、会场安保等各个方面为主效力。

在盛会上我意外地邂逅时任华盛顿圣灵运动联合会会长、世界圣灵福音化大盛会常务主席罗光三牧师,他是我高中同学,现在华盛顿作主圣工。这是我们毕业后头一次相见,而且都以牧师的身份。

他说自己在汝矣岛聚会上,看着在各处热心事奉的圣徒们感到好奇,很想知道他们是哪个教会派来的。得知是我们教会的圣徒后,他深感惊喜。和罗光三牧师的邂逅,成为我的圣工向美洲大陆拓展的契机。

华盛顿福音化联合大盛会

到了1993年,神为我们敞开了宣教的大门。1993年8月6日至8日,美国华盛顿地区韩人教会协议会主办"华盛顿福音化联合大盛会",我受到主办方布道邀请。其间我屡次接到带领海外盛会的邀请,但都没有答应。而这次是在美国首都举行的盛会,其中必有神的美意,便决定应此邀请。

华盛顿联合大盛会主办方表示:举办此次盛会的目的是要给侨胞们栽植信心,体验圣灵的作工,获得生命的更新。华盛顿、纽约、巴尔的摩,以及马里兰州等美国东部地区180多个教会联合举办,于威盾高中大讲堂召开的该盛会,为期三天,始终在圣灵火热的作工中进行。

证道分别是:第一天"十字架之道",第二天"属肉的信心和属灵的信心",第三天"永生的祝福"。与会的圣徒们带着谦卑的心，频频以"阿们"来回应，如饥似渴地聆听所传的道。

嘱托侨胞们在光明中行

华盛顿盛会圆满结束，当年9月19日第二十届韩人社区纪念日，召开 "九三洛杉矶福音化大盛会"。我被主办方韩人社区侨民会聘请为名誉主席兼布道讲师。

在这盛会之前，我顺着神的感动，作大量的祷告。我特地腾出时间，独自进到深山，历时三周在山上呼求祷告，预备这场盛会。

洛杉矶福音化大盛会筹委会请求我讲一些安慰侨民的信息，但我没有照他们的意思讲，因我知道他们需要的不是安慰，而是悔改过往未能向神持守纯正的信仰，即全守主日，在光明中行。

1992年4月29日，洛杉矶经历了一场黑人大暴乱。当时侨民也深受其害。该事件的起因是黑人对白人种族歧视的不满和愤恨，但暴乱的受害者不仅是白人，当地韩国侨民也遭到暴徒抢劫、纵火，在物质和精神上受到巨大损失。

然而圣经教导我们，只要在光明中行，成就真实的信心和圣洁的心灵，必蒙"灵魂兴盛，凡事兴盛，身体健壮"的福分。也就是说，当我们遵行神的话语时，神必保守我们免遭各种事故或灾祸。我依据使徒行传4章11、12节的经文，以"为何除耶稣以外别无救主"的专题，讲论十字架的道理，给众人栽植信心，并嘱托众人要谨遵神的道，作名副其实的基督徒。

除外，还应邀到尔湾J教会讲道。9月21日，结束了布道日程，我访问了洛杉矶市议会。市议会议员们在会议期间，请我为他们做祝福祷告。

这天洛杉矶市政府给我颁发了名誉市民证，据说这是史无先例的。我在洛杉矶韩人社区纪念日庆典亮点之一——马拉花车游行中乘坐马车，以及到市议会作祝福祷告的场面，被KTAN、KATV、KTE、《韩国日报》、《中央日报》等电视报刊播报。一切尽在神的恩典中成就。

广播讲道

从1990年3月起，我的讲道通过远东亚洲广播电台"远方喜讯"节目播出，传播到国内，乃至中国、俄罗斯部分地区。许多中国侨胞写信表示通过讲道蒙了很多恩典，并访问了我们教会。

那年8月，我的讲道开始通过华盛顿美洲广播电台播出。1992年12月起，釜山基督教广播电台"报喜讯"节目；1993年11月起，伊利基督教广播电台；1994年2月起，青州基督教广播"日日与主同在"节目，每周播送我的讲道。我的讲道在海内外广播电台播放时间逐年递增，以至达到每周九百多分钟。每一篇讲道都要录音，完成任务并非易事。

1994年5月20日至22日，我在华盛顿基督教福音广播电台主办，针对居住在华盛顿和巴尔的摩的侨胞们召开的盛会上进行布道。以此为契机,应华盛顿基督教福音广播电台台长金永浩长老的邀请,我接任该电台的理事长职务。

我的讲道通过华盛顿基督教福音广播电台播出,得到听众热烈响应,我的名声很快就传遍了那一带。电台台长高兴地告诉我说,听众听了我的讲道反响热烈,称之为"纯正福音的精髓"。

信就是所望之事的实底

被列为世界五十大教会

　　1991年2月，扩迁至九老洞圣殿后，举办了两周连续特别布道盛会。布道盛会最后一天周五礼拜时，注册信徒人数突破了一万名。神吸引各行各业的人来到教会，六个月后，圣殿基本已满，三年后又成为饱和状态。

　　1993年2月11日，国内主要日刊及基督教界报刊同时报道美国《基督徒月刊》发表世界五十大教会，我们教会也列在其中。教会开拓后十余年，神使我们教会成长为世界级的教会。

　　这一切成就都在乎神，而非我的功劳，将一切感谢和荣耀单单归与我的神。

带着异象所求无不蒙允

箴言29章18节说:"没有异象(或作"默示"),民就放肆,惟遵守律法的,便为有福。""默示"是指神通过先知所传的启示。"没有默示,民就放肆",即没有神的默示,人们将会藐视诫命,恣意妄为,骄傲张狂,以至于灭亡。

开拓教会以前,在我进行四十天禁食之时,神赐我许多异象和使命。诚如经上所记"因为你们立志行事,都是神在你们心里运行,为要成就他的美意",神赐我心愿志向,并作我随时的引导。我经常祷告神:将来建立了教会,求神使我们教会成为世界级的教会、蒙神厚爱的教会。

要成就世界宣教,首先要培养人才。需要多多培养合神心意的属灵领袖,以满足国内宣教及海外宣教圣工之需要;确保足够的人力资源,差派宣教士到世界各地。我一直为了培养出大量优秀主的仆人而恒切祷告。

上神学院的时候,我看见神学生们打扫教会卫生间,还制作周报,为牧师们跑琐碎的差事,帮圣徒们做脏活粗活,却得不到称赞,反而是一旦做错什么事,就备受指责数落,甚至被开除。我看着处在这种恶劣环境中的神学生们,特别的心疼。

开拓教会后,我吩咐教会财务部不必考虑对我的供养,要以资助教会神学生的学费和生活费为先。希望神学生们通过资助,能够不为世上的事所累,专心追求属灵的事,成长为有能力的主的仆人。

神感动我培养许多主的仆人。但因教会资金不宽裕,心有余而力不足。管财务的工人当中,有些人曾为此发过怨言。为了使教会圣工和平开展,我对他们进行多方劝解和说服。

我时常求神差来合适的工人,并且每年定期进行培训,为培养出更多属灵良将而全力以赴。

为了成就面向世界的宣教,需要优秀的赞美团队。于是我一直带着这个异象,恒心不住地祷告。在进行四十天禁食的时候,我看着聚会时献诗的赞美队,向神祷告说:"将来我建立教会,求神助我们组建一个优秀的赞美团队。"并且凭信仰望神的作工。

而后我除了赞美队以外,还为组建荣耀神的管弦乐团而祷告。历代志上23章5节记载:"……又有四千人用大卫所作的乐器颂赞耶和华。"由此可知,在所罗门王当政时期,有四千名演奏者在圣殿里奏响赞美诗歌。诗篇150篇吩咐我们要用角声、鼓瑟、弹琴赞美神,用弦琴、笙箫和铙钹等乐器赞美神的荣耀。

我为了创建赞美神荣耀的管弦乐团,恒心祷告数年岁月,切切等候神的引导。神垂听我的祷告,从四方招聚各门专业的乐手,用生命之道喂养他们,栽植远大的梦想。音乐人专门从事赞美神的事工是很不容易的:音乐人通常强调独特的个性和风格,而赞美神的事工恰恰要抛开自我,以神的荣耀为先。

然而以一群向神知恩图报的专业演奏者所组成，专以荣耀神为主旨的管弦乐团得以诞生，这就是我们教会的尼西管弦乐团。

尼西管弦乐团自1992年3月1日献上创团礼拜以来，在汝矣岛广场召开的禧年大会等教界活动中担任演奏，并且举办过演奏会、慈善音乐会等，在海内外活跃开展赞美圣工。神又为我们组建了唱诗班，以及二十多个赞美团队，在海内外各地，传扬神的恩典，彰显神的荣耀。

击鼓、跳舞赞美神

我带着成就世界宣教的异象，在大力发展音乐圣工的同时，致力于舞蹈团队的建设。我查考圣经寻求神的儿女当以怎样的心灵和态度赞美神，才能得神的喜悦。结果从大卫王的美行中寻到了答案。

圣经记载，当神的约柜归回大卫的城时，大卫王在神面前欢喜踊跃跳舞（撒母耳记下6章12-23节）。大卫的妻子米甲见此情景，轻视并且责难大卫。大卫对米甲说："这是在耶和华面前；耶和华已拣选我，废了你父和你父的全家，立我作耶和华民以色列的君，所以我必在耶和华面前跳舞。"（撒母耳记下6章21节）

米甲因轻视在神面前跳舞的大卫，受了咒诅，直到死日，没有生养儿女。故我们应当顺从神的话，得神的喜悦，不能看人的眼色，讨人的喜欢。

听说那个教会跳巫舞

1986年3月圣舞团得以成立。圣舞是指合着赞美旋律所表现的舞蹈,为要显神的荣耀,给众人栽植天国的盼望。旨在向神献上的圣洁舞蹈的圣舞团后来改名为"艺术宣教团"。随着传媒信息网络的发达,现今律动、舞蹈等基督教文化广为传播,而在当时则不然。

我们教会设有"赞美委员会"和"艺能宣教委员会",致力于各种活动策划,专业人才培养等。教会快速发展壮大,一些人出于嫉贤妒能,散布谣言,加以污蔑毁谤。

"听说那个教会在礼拜时跳巫舞。"

我们在一年数次举行的特别活动中,表演根据赞美诗歌编排的舞蹈,给圣徒们带来恩典与属灵的生命。然而,有人造谣万民教会在礼拜时被邪灵附体跳巫舞。

圣舞团在种种污蔑和诽谤中依然挺立,1991年应邀"哈利路亚苏联盛会"(讲师申玄均牧师),彰显神的荣耀,迈开世界宣教的第一步。从那以后至今,圣舞团通过充满生命能力的演出,在国内及海外博得众人的喜爱,有力拓展荣神益人的赞美圣工。

实力得到外界肯定

我们教会有许多艺能团队,活跃协助开展圣工。众人通过神恩开发潜能,具备各种专业技能为神所用。

1991年6月1日，在远东广播电台主办的"第十届福音诗歌演唱大赛"上，我们教会的演唱组获得大奖；在1995年6月17日"第十四届福音诗歌演唱大赛"上，我们教会"光之声重唱团"赢得大奖。当时"光之声重唱团"是三人组，我的小女儿李守珍也在其中。守珍在小时候蒙神呼召为主的仆人，读完神学，为主作工。

1993年4月17日，在火炬会馆召开的救助少年少女家长（在韩国对年幼承担家务生计者群体指称）赞美聚会上，尼西管弦乐团应邀进行演奏。当年11月2日，尼西管弦乐团携艺术宣教团、唱诗团队，在大检察厅会堂召开的"检察厅福音化特别礼拜"上特邀演出。

另外，1993年11月6日，我们教会水晶重唱团参赛基督教广播电台主办的第四届福音诗歌创作音乐大赛，荣获金奖。

协助教界联合事工

带着服侍的心

我们教会的圣徒们积极协助教界联合圣工,很多机构团体想让我担任尊位要职。

但我想到那些比我资历深厚的前辈牧师们,打心底里不情愿接受那些职位,只想在背后默默无闻地付出。

我一一婉拒那些请求。然而屡屡推辞,不免有清高倨傲之嫌,便不得不答应下来,但求次一级的职位。

每次出席活动,主席台席位上已贴有我的名签,我不得不对号入座。要是没有名签,我就会找个末位就坐。有许多前辈牧师们在场,坐中央席位总觉得过意不去,而坐在末席上,心里踏实多了。

世界圣灵化大盛会

大邱福音化祝福大盛会

检察厅福音化大会

收容所慈善音乐会演出

救国禁食祷告会

哈利路亚首尔地区联合大盛会

九五和平统一禧年大盛会（汝矣岛）

我意识到那段时间比起参加外部活动，更重要的是专心祈祷和传道。于是每逢外部活动，我就派教会的副牧师或长老替我前去参加。由于我不善于交际，聚会也不参加，也不与牧师们交流，不知情的人或许误解我是一个心高气傲的人。

然而，对教界活动的协助请求，我从未推辞过，力所能及地给予后援。1993年6月21日，在横穿国土自行车大赛暨祈愿民族统一临津阁大盛会上，我担任特别代祷，我们教会尼西管弦乐团、唱诗班和侍奉团队也一同参加。当年10月18日至21日，民族统一禧年大盛会预备盛会——"首尔地区福音化大盛会"在我们教会召开。四位教界著名牧师在盛会上担任布道，呼吁藉着福音成就民族统一大业。当年11月24日，我应邀在汉尔山召开的民族统一祷告会上证道并作了医治祷告，结果出现了许多医治的神迹。

我在监狱服刑人员和刑满释放人员的教化圣工上，也给予深切的关注。1994年2月28日，全国教化协议会和基督教联合会联合主办的"第二届法务部全国教化协议会全国基督教大会"在明声教会召开，专题为"以真道和仁爱实现教化"。时任基督教联合会共同会长的我，在此次大会上负责经文奉读。我们教会的赞美队、尼西管弦乐团和律动队先后献上演出，归荣耀与神。

3月24日纪念基督教广播电台成立40周年第十一届福音诗歌合唱盛会，在世宗文化会馆大会堂召开，我们教会的唱诗班和尼西管弦乐团应邀在会上演出。

1994年6月20日，当时由申玄均牧师担任总裁的世界福音化中央协议会主办的"祈愿民族统一临津阁大盛会"上，由我负责代祷。

该协议会总裁申玄均牧师以"福音统一之路"为专题在会上证道，强调为了藉着圣灵和福音实现民族统一，首先韩国教会要超越教派合而为一。

青瓦台访问及和平统一禧年大会

1995年7月29日，在国防部战争纪念馆广场召开的民族统一福音化运动协议会主办的"救国救民禁食祈祷会"上，由时任常务会长的我担任特别代祷。

1995年8月12日，光复50周年和平统一禧年大会筹委会十位牧师，应总统邀请访问青瓦台。限定一小时与总统会谈并提出建议。

会见前一天，我就着"见了总统讲什么话"长时间向神祈求，但未得到任何回应。为这次会面祷告神，却没有圣灵的作工，没领受任何指示，我感到十分诧异。

8月12日上午11点，到了青瓦台会面后，我才得知主没有向我回应的缘由。我们一行作为教界代表与金泳三总统会晤，但没有机会与总统进行沟通和提议。因为始终由总统发言，约定的时间到了，我们只好最后做个祷告离开了青瓦台。

当天下午2点和平统一禧年大会在汝矣岛广场举行，处处可见我们教会圣徒们在盛会上侍奉的身影，包括交通疏导、停车向导、讲台服侍，还有尼西管弦乐团演奏圣乐。

教会奋兴的秘诀

爱护我们教会的申玄均牧师

1994年12月5日，我应邀到民族福音化运动本部附设布道师研修院进行特讲，12月8日，基督教广播电台成立40周年"求主更新我"第4500期特辑演播在我们教会进行。我通过以"真实的声音"为主题的讲道嘱托基督教传媒要力求正义与和平，践行传道的使命。

韩国极富盛名的布道家、被誉为教界巨星的已故申玄均牧师，长久以来对我和我们教会给予很多关爱。申玄均牧师讲道多为圣灵充满和民族统一主题，以特有的风趣幽默的演讲风格著称，他一生的圣工给韩国的众教会带来盼望，提示方向，不分教派博得众人的爱戴和尊敬。

申玄均牧师知道我是教权滥用的受害者，1992年10月创立礼拜时访问我们教会，肯定我们教会是圣灵充满的教会，起标杆作用的教会，并发表祝词。此后每逢我们教会各种聚会或活动，他都前来传递勉励的信息，使我们备受鼓舞。

教会奋兴的秘诀是什么？

　　"牧师，我看您教会并没有什么特殊的组织体系，也没有进行特殊训练，教会奋兴的秘诀是什么？您是如何让圣徒们听命顺服，侍奉有序呢？"

　　"其实没有给予特别的教导，他们只是存着感恩图报的心志，甘心乐意地为主效力。"国内乃至海外的牧会者们访问我们教会时，见到圣徒们敬虔和悦的神情，充满恩典的样子，深受感动，纷纷请教教会奋兴的秘诀。

　　对于教会的成长，会有多种看法和见解。有的牧会者说："神只给我们教会托付这一群羊。"或者说："我们教会现在的人数规模已经足矣。"

　　查考圣经可以得知，得神喜悦的初代教会，信徒人数天天加增。神的旨意是天下万民都蒙救恩（提摩太前书2章4节），初代教会专心遵从神的旨意，神就将得救的人天天加给他们（使徒行传2章47节）。

　　只要听到哪个教会发展奋兴，我就心里欢喜，更加恳切地为那教会和主任牧师祷告，因为教会是主用血赎买的，教会是主的身体。

1995年2月23日，韩国教牧者祈祷同工会主办的第149届全国教牧者研习会在我们教会召开。与会人数达一千余名。研习会上，我以"教会奋兴的秘诀"为专题进行讲解。1996年夏威夷牧会者研习会和阿根廷牧会者研习会上，我同样围绕几个要点，传授教会奋兴的秘诀。

第一，要成为爱神并蒙神爱的牧会者和教会

箴言8章17节"爱我的，我也爱他；恳切寻求我的，必寻得见。"约翰一书5章3节提到爱神的凭据："我们遵守神的诫命，这就是爱他了……"

耶稣说过："有了我的命令又遵守的，这人就是爱我的；爱我的必蒙我父爱他，我也要爱他，并且要向他显现。"（约翰福音14章21节）

第二，要恒心祷告

成功的牧会，取决于通过祷告领受所赐的能力。成就神旨意的古人先知，都是祷告的精兵。正如初代教会的使徒们所说"但我们要专心以祈祷传道为事"（使徒行传6章4节），我将教会行政和财务等业务全都交托于工人们，而自己恒心专注于祈祷和传道。

我们祷告当要尽心恳切，大声呼求（耶利米书33章3节）。创世记3章17节，神对犯了罪的亚当说："你必终身劳苦，才能从地里得吃的。"人生活在地上，必须付出流汗的辛苦，才能获得地里的出产。这在灵里也相仿，我们务须专心恳切地祷告，付出流汗的辛苦，才能使所求的从神得着。

我们教会至今依然有数千名圣徒每晚来到神的殿里恒切祷告，数十个支圣殿和世界各地的支教会也同步进行祷告。

第三，要有属灵的信心

这里所指的信心是神从上头赐下的信心；由心发出的属灵信心。这一信心具有使无变有，使不可能化为可能的功效。属灵的信心非因圣经知识懂得多或信仰时间长所能拥有。这是神从上头赐予那些遵行神诫命之人的。圣经说没有行为的信心是死的。

当人带着属灵的信心祷告时，凡所求的都从神得着，诚如经上所记"你们祷告，无论求什么，只要信，就必得着"（马太福音21章22节）。教会的奋兴发展，也不例外。

第四，要听从圣灵的声音和带领

蒙恩得救的我们有圣灵的内住，圣灵引导神的子民遵行神的旨意。我们只要听从圣灵的声音和带领，必然领悟教会奋兴的途径。

一个牧会者要听到圣灵的声音，务要与罪相争到流血的地步，将潜藏在心里的恶性除去净尽，将与神为敌的肉体的意念和各样的计谋一概攻破。克服与神道相悖的一切思想观念，专心顺从神的道。

第五，以初代教会为标杆

使徒行传记载，初代教会宣讲十字架的道理，遵行神的话语，彰显许多奇事和神迹。初代教会时期，神藉着使徒大显权能，众人看见神迹，就听信福音，教会便得以快速发展壮大。

海内外圣工活跃开展

开启非洲宣教

1994年1月，坦桑尼亚五旬节教会查尔斯·迈肯牧师来访我们教会，听了讲道深蒙感动和造就，回国后对我做了积极的宣传。1994年7月4-6日，我应坦桑尼亚五旬节教团的邀请，于首都达累斯萨拉姆带领"非洲教会领袖研习会"。

我们只要活在神的道里面，就可脱离一切的咒诅，灵肉安康，生活富足。而我看到非洲人民过着贫病交加的生活，遭受着艾滋病等各种疾病的肆虐，心里十分忧伤和悲悯。

在聚会期间，神始终与我们同在，为我们显现各种奇事。我们一行抵达坦桑尼亚时，当地牧会者们告诉我说："牧师，太奇妙了！我们这里现在正逢旱季，滴雨不下，而您到达之前，这里连续降雨，把城市洗刷得一尘不染，气温清爽。这显然是神的手段，神用祂的大能调控自然气象。"

从我们一行抵达机场，直至回国，神的作工无时无刻不在相随，所到之处，白天密云遮住烈日，夜间降雨降低气温，使我们能够在凉爽舒适的天气中完成此次圣工。

我在研习会上传讲"十字架之道"，旨在帮助教会领袖们建立真实的信心。他们听了三天的道，领悟颇深，生命得到更新，以独特的唱腔和肢体语言，以及热烈的掌声和欢呼来表达他们蒙恩的喜乐，体现出孩子般的质朴和纯真。与会者们纷纷表示，通过此次研习会生命得到造就，信心获得长进，对牧会工作也充满了信心。

聚会结束后，我们一行访问了坦桑尼亚马赛族部落。酋长领着土著居民出来欢迎。给贵客饮生牛血，是马赛族的传统。但我们

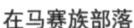

在马赛族部落

难以接纳，因为饮血是神所禁止的。好在酋长知情后，拿来可乐取代牛血。

我为了给他们栽植信心，见证我得见神的经历，经过英语、斯瓦西里语、马赛语三种语言进行翻译。研习会期间担任英文翻译的郑明浩博士，当时任职于湖西大学英文系教授。后来他立志于传教，1995年10月辞去教授一职，奉差到非洲作一名宣教士，在肯尼亚内罗毕设立宣教中心，至今将圣洁的五重福音传播到非洲54个国家，给非洲众灵魂带来属灵的觉醒。

在福音的不毛之地日本

在邻国日本也开启了宣教之门。1993年11月5-8日，日本最大的棒球场甲子园召开了"甲子园布道宣教大会"，我们教会的艺术宣教团应邀在会上献舞，给与会的侨胞们带来深深的感动。

艺术宣教团于当年7月，应申玄均牧师的邀请，在"中国布道盛会暨长白山统一祈祷会"上盛装演出。

1994年1月，日本宣教得以正式启动。1994年11月22日至23日，由日本长野县饭田市饭田教会（主任牧师吉川野武）主办，多个教会后援，以"求赐圣灵之火"为主题的盛会，在饭田文化会馆举行，有一千多名圣徒聚集。

盛会头一天，我以"复活的历史见证"为主题证道，嘱托众人要确信耶稣的复活，带着复活的盼望，活出得胜的信仰。

第二天接着见证"如何得见神"。证道完毕，我为会众作了医治的祷告。在圣灵如火般的作工中，神迹大大彰显，许多人得蒙医治，到台上作了见证。看着日本圣徒们蒙神的医治，我再次将感谢与荣耀归给了神。

在盛会上担任主持的吉川野武牧师感言："李载禄牧师的讲道颇有属灵的深度，处处可见日本圣徒们感动流泪的情形，这在日本是十分罕见的。日本教界普遍认为医治神迹只有在耶稣时代发生，而我们看到许多人听了李载禄牧师满有权柄能力的证道信息之后，身上的各样疾病得到医治，体验到神的大能。这次盛会，十分成功。"

盛会期间有一个患者印象特别深，名叫吉沢元司。他在进行压床操作时不慎受伤，接受了腰部手术。但由于手术后遗症，行走困难，在痛苦中度日。这天他参加了盛会，听道之后产生了信心，次日来到我的住处请求我的祷告。我恳切地为他祷告。在接受祷告后回家的路上，他体验到神奇妙的医治作工：身上的疼痛消失，弯曲的腰也直了起来。

不孕的夫妻蒙神应允

1991年2月，圣殿扩迁纪念奋兴盛会以"正如你的灵魂兴盛"为主题举行。我作为布道讲师，为期两周讲十五篇道，并且带领医

因车祸注定终身残障的朴喜珍执事在李载禄牧师带领的聚会上得蒙医治行走自,现以健康的身体忠于圣工

治特会。

　　1993年,两周连续奋兴盛会正式启动。1993年5月,第一届两周连续奋兴盛会以"为罪、为义、为审判"(约翰福音16章8节)的专题召开。通过上下午两次布道,见证罪、义、审判的实意。圣徒们藉着细致精深的讲解,醒悟到自己与神隔断的罪墙,痛哭流涕认罪悔改,拆毁罪墙,从而经历到神医治的作工。

圣徒们听着一篇又一篇讲解,领悟到信心的真谛,体验到圣灵的作工,心志改换一心,变成殷勤祷告,力行主道的人。

许多人不分教派,从全国各地慕名而来,通过盛会蒙恩典,得医治,被圣灵充满,回到各自的教会,加倍殷勤地为主效力。这是我们从众多反馈中得知的。

有领受圣灵的火,子宫癌、胃癌等绝症得蒙医治;也有听力恢复,卸下助听器;视力好转,告别眼镜;解脱不孕之苦而怀胎得子等,各种见证接连不断。

尤其感恩的是,其间好多结婚五年以上不孕的夫妇,经过祷告都得蒙怀胎的祝福。当时他们带着怀胎的心愿,向我请求祷告。1993年5月5日,在奋兴盛会晚间聚会上,我为众患者祷告时,说"不孕的人临到怀胎的祝福"。奋兴盛会后第二年,那些不孕的夫妇纷纷传来生产儿女的喜讯。万民宣教园毕业的孩子中,有很多是经过祷告出生的。

一个注定终身残疾的人

1994年5月,以"我必成就"(约翰福音14章13节)为主题召开的第二届奋兴盛会上,圣灵的作工依然十分强烈。盛会上有许多人经历到神医治的大能,其中因车祸躺在医院病床上的朴喜珍圣徒的见证尤为惊奇。

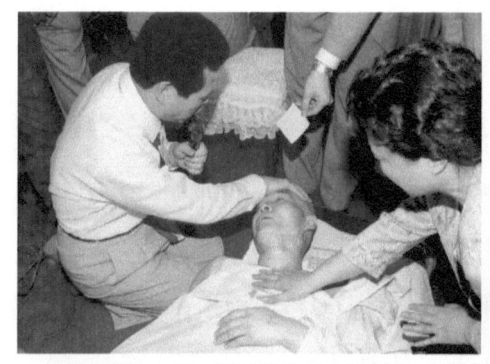
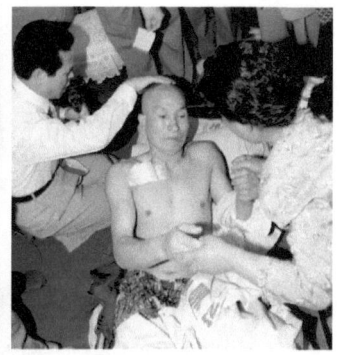

一位长老患脑中风，接受祷告后坐了起来

朴喜珍圣徒于1993年5月27日下班后开车回家时，在蚕室街十字路口遭遇四重追尾事故，当场昏迷，被送往医院抢救。诊断结果下颚骨折，下颚关节破裂，骨盆和股骨错位变形，肿大，还有肠闭塞等。右腿失去知觉，脚趾和脚踝不能动。股骨神经麻痹导致腿缩短5公分，注定终身残疾。住院期间，没有别人的帮助是一步也不能走。

1994年5月10日，朴喜珍圣徒好不容易得到院方准许，依靠双拐参加了我们教会两周连续奋兴盛会。当她接受我在台上为全体做的医治祷告时，体验了神的医治。扭曲的腿变直，粉碎性的下颚骨复原；发现原本不能动的下颚，不经意间多次打哈欠而毫无疼痛感。

随后按着顺序接受按手祷告时，圣灵的火临到身上，随即撇下双拐，能够自己行走。圣徒们看到这奇妙的神迹都欢喜快乐，以热烈的掌声归荣耀与神。

两周后，经汉阳大学医院诊断，右腿增长五公分，双腿变得一样长。

还有一个无生存可能的孩子，经过祷告奇迹生还。金顺任执事生了1.2公斤的早产儿。孩子被放在医院保育箱里养护。孩子心脏两侧血管破裂，又出现脑出血，伴有视力障碍。医生说孩子脑出血无法动手术，而眼睛必须手术，否则会完全失明，但即使手术成功，只能恢复到正常视力的三分之一程度。

1994年5月7日，医方通知：孩子已治疗无望，要求家属带孩子出院。奋兴盛会期间，金顺任执事带着孩子来到教会。孩子肌瘦眼突，身形枯槁，触目惊心。

孩子经不起长时间的药物和注射治疗，体重不到1公斤，看不出一点生存的希望。孩子的父亲已是完全绝望，万念俱灰。5月8日，当我为孩子恳切地祷告时，神作工在孩子身上。浑浊泛白的瞳孔渐渐变得黑亮有神，视力得以恢复，而且还能吸吮奶嘴，食量也逐渐增加，很快恢复了健康。孩子名叫哈拿，现读小学，在主的恩典中茁壮成长着。

因脑中风昏迷的人

1995年第3届两周连续奋兴盛会，以"义人因信得生"的主题召开。盛会最后一天，为患者的特别祷告会时，突然圣殿入口处人声喧哗，随后看见好些人抬着担架走了进来。看似是刚从救护车

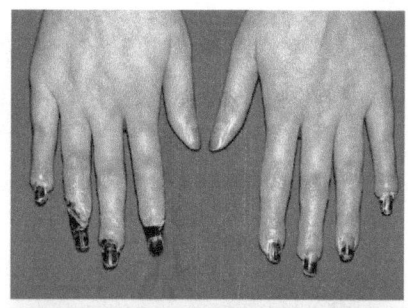

李相宜执事接受祷告后
溃烂的手指痊愈

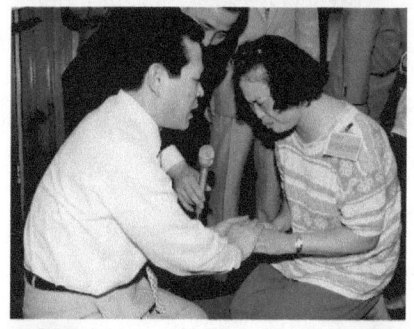

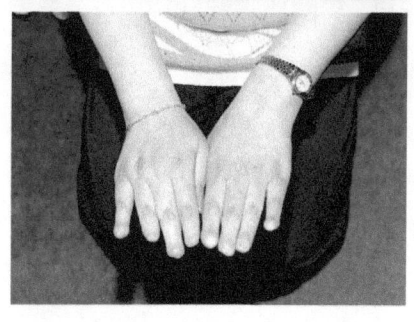

上下来,情况紧急。后来得知病人是一位长老,名叫金文起,当时因患脑中风进入昏迷状态。他的夫人是一位牧师,正在带领一个刚刚起步的教会,经常到我们教会来聆听生命之道。事发当时,她把丈夫送往医院进行急救,而医方表示患者生还的可能性渺茫,正逢我们教会举行奋兴盛会,她就凭着信心用救护车把丈夫带到我们教会。

我为昏迷中的患者作了祷告。祷告一毕,患者突然起身坐了起来,仿佛电影里的那些灵异场面。圣徒们目睹此情此景,激动万分,欢喜鼓掌,将荣耀归给了全能的父神。

临手腕截肢手术之前，经过祷告蒙神医治

盛会期间，我看见李相宜执事，想起她曾经渐渐溃烂的八个手指经过祷告蒙神医治的经历。1985年冬，她因受了冻伤，到医院接受诊治，但毫无疗效，而且被诊断为全身风湿性关节炎。她于1990年在首尔经一位亲戚的引领，到我们教会经历一段时间的信仰生活后又回到了家乡。回乡后她渐渐远离神，信仰变得冷淡。

1993年，因肢体关节扭曲，颈椎僵硬，到医院检查结果是风湿性关节炎严重恶化，便在首尔九老高丽大学医院接受住院治疗。两个月后除拇指以外的八个手指开始溃烂，皮肤呈炭黑色，逐渐蔓延到手腕部位。指甲和指骨坏死脱落。

主治医师说为了防止手臂感染，只能选择截肢到手腕。手术日期已定。李相宜执事因剧烈的疼痛，需要每天打止疼针。1994年5月，手腕截肢手术预定日的前夕，李相宜执事向院方写了假条出来，然后参加了我们教会两周连续奋兴盛会。

当她接受我的祷告时，突然感觉双手发热，随即不堪忍受的疼痛消失。从那天起，她的病情逐渐好转，医生说无需截肢，可以出院。

之后双手停止溃烂，形似苍老树皮的坏死皮肤全部脱落，其上重新生成新肉，形成指尖，长出指甲。次年1995年5月，她参加了两周连续奋兴盛会，在第二天医治特会上，接受了我的祷告。祷告之后，感觉身体轻松，疼痛消失，全身风湿性关节炎得到了痊愈。

曾经坏死的手指，也完全复原。

三丰百货店倒塌的灾难中得蒙保守的圣徒们

我们教会设有"光盐宣教会"，是从事销售行业和餐饮行业的圣徒所组成的宣教团契。创始于1985年10月的光盐宣教会，聚会活动场所除了江南岭东圣殿以外，还有很多支聚会点，致力于销售行业和餐饮行业福音化。光盐宣教会会员们主日无休，忙完一天的工作，晚上9点和11点，分两批献上礼拜。

1995年6月29日下午6点，发生了三丰百货店坍塌的灾难性事件。当时我们教会十余名圣徒在三丰百货店工作，然而在神的保守下，她们每个人都获救生还。

在三丰百货店工作的洪真淑姊妹，当时和同事一起被困在地下三层的废墟中，成功被救出，奇迹生还。

当时在地下三层职工便利店工作的洪真淑姊妹，工作结束后进了医护室休息。突然大楼坍塌，她和医护室的一名护士一同被困在钢筋水泥的废墟中。护士头骨开裂，脚部骨折。

周围一片漆黑，伸手不见五指，两个人不敢想象自己能够摸出通道爬出废墟。从不远处传出有人喊救命的声音。

"姐，我头上流着很多血。以前一听姐劝我信主，我就厌烦，还故意避开你，真的对不起。神啊，我错了。以后我一定好好信神。"

护士一边哭着,一边呼求。洪真淑姊妹牵着护士的手恳切地向神求告,并以神的话安慰她。吸入口中的水泥灰噎在喉咙里,喘不过气起来。

"我的神,求您差遣搜救队快来搭救我和所有被困的人。阻止房屋进一步塌陷,净化这里的空气。"

祷告蒙神垂听,被困3小时,约9时许,周围渐渐明亮起来,继而有手电筒的光线投射进来,并听见声音喊着说"里面有人吗?""有人!"搜救队员循着喊叫声找到了两个姊妹。医护室设在非常出口,幸好非常出口没有坍塌,搜救队员顺着非常出口的阶梯下来搜寻时,听见赞美和祷告的声音,从而成功施救,俩人获救。

护士被救护车送往医院,而洪真淑姊妹除了蒙上一层灰粉之外,身上无一伤处。

次日各大报刊相继报道搜救队循着歌声,成功施救被困人员的新闻。在悬命一线的生死关头,谁能安然唱起歌来!那是向上帝的祷告之音,赞美之声!神指引搜救队员,到她们被困之处进行施救。

当时洪真淑姊妹虽然主日上班,但殷勤献上主日晚礼拜,奉献完整的十分之一。

当我们全守主日,全献十分之一时,神必保守我们脱离各种事故和灾病。

倒塌的三丰百货店

1995年洛杉矶宣教

因着纷争濒临毁坏的教会

1995年4月30日,世界福音化协议会和韩美基督教灵性运动协议会共同主办的"1995洛杉矶世界宣教大会"在大会堂举行。我受邀作盛会主讲。

宣教大会召开之前,1995年4月27日至29日,洛杉矶地区的四十多家教会在同一时间分别举办地区联合盛会,我负责该盛会筹委会委员长〇牧师所牧养的H长老教会带领盛会。

去洛杉矶之前,我们教会圣徒们给我一笔捐项,作宣教所用。我启程之前和我身边的同工们说:"神应允我这笔可观的宣教资金,是为这次出行所预备,必有恰当的用处。"

洛杉矶市议会作祝福祷告

荣获洛杉矶名誉市民证

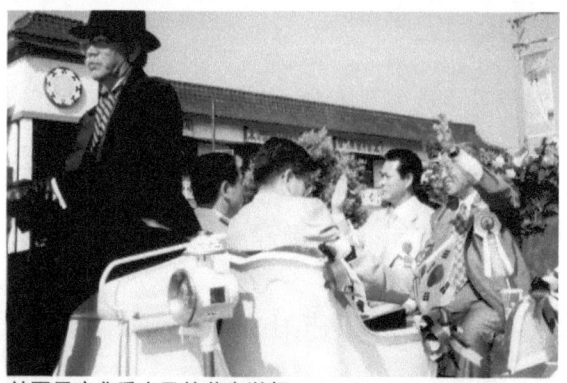

韩国日庆典乘坐马拉花车游行

我为期三天带领聚会的H长老教会,是一所小型教会。主任牧师年60多岁,身边没有一个得力的同工,独自一人为教会奔波操劳。三天聚会人数只有一百多人。规模虽小,但我每场聚会都尽心尽力传讲神的道。

几位大型教会的主任牧师本想邀请我到他们教会布道,但都未能如愿,而纷纷向我表示遗憾。

我心里想,神让我在这个教会带领三天聚会,必有祂的美意。

4月29日,最后一场聚会上,我听到该教会的主任牧师一边哽咽抽泣一边祷告神说:"主啊,求您解决我们教会资金上的困难,教会险些要归世人所有了。"

"你要资助这个教会。我感动圣徒们奉献宣教资金,岂不是要用在这样的地方吗?你要帮助他们。"

我讲道时听到这一声音,当即在台上宣告:"不知贵教会有多少债务,我们岂能容神的殿受世人追逼!我愿为此付出一份微薄之力,愿圣徒们齐心协力,为教会排忧解难。"并约定为教会出两万美元的奉献。

我宁愿承受可能发生的诸多不便,决定把这笔款项捐给这个教会。我无心享受讲师的待遇,心里只有一念,就是怎样安慰这位牧师,帮助这家教会。事事处处谨言慎行,以免给牧师带来不便,或占用他的时间。

聚会上我们教会赞美队担任主持并带领唱诗,给圣徒们带来恩典与圣灵的充满。

次日4月30日，主日早晨，不料O牧师带着气馁沮丧的神情来见我。"牧师，截止昨天的聚会，参加的都是认识牧师您的其它教会的圣徒们。我们教会圣徒们，可能已经都离开了，今天教堂里恐怕是空空荡荡的。"

我大吃一惊，问其究竟，才得知该教会的传道人因牧师按立考试落榜，就抱怨主任牧师，提出辞呈。长老们也一同起来反对主任牧师。教会内部纷争四起，局面混乱。

加上教会因债务运营困难，圣徒们灰心气馁，到了难以挽救的地步。

可是到了礼拜时间，进入圣殿，出现了完全相反的景象：圣徒满堂，座无虚席，诗班席位也都满了，圣徒们脸上散发着光彩。

神顾念这个教会，将我差来，以生命之道和物质上的帮助，救他们脱离岌岌可危的困境。

95 洛杉矶世界宣教大会

4月30日，在神丰富的恩典中，世界宣教大会得以圆满结束。几天后美洲《基督徒新闻》做了相关报道："4月30日，五十余名布道讲师和八千余名圣徒参与，旨在促进文化种族和谐的布道大会，在神的恩典中圆满落幕。

大会主讲李载禄牧师以'在主里合而为一'主题证道。他在讲道中强调：'在主里面不分地区、种族和文化，我们都是肢体，

应邀赴洛杉矶韩人社区第22届韩国之日庆典活动,以名誉大会主席的身份参加文化中心开工典礼

弟兄姐妹。让我们因信凝聚为一，齐心协力，共筑世界福音化的根基。'众人高喊的大会口号响彻大会堂——'传扬福音直到地极；齐心共建和谐都市；同心共勉赢得胜利'。"

另外大会期间，我出席了洛杉矶教界领袖三百多名参加的早餐祷告会。我们教会赞美队和艺术宣教团向神献上美妙诗歌和舞蹈，博得众人的赞赏，处处可见感动流泪的人。

韩国日庆典

当年1995年9月，在洛杉矶韩人社区第22届"韩国日"庆典上，我应邀代表韩国以名誉大会主席的身份，为纪念塔落成典礼做了代祷。并在"侨胞慰问之夜"担任开幕代祷。庆典活动的最大亮点是马拉花车游行。配四匹骏马的花车，是为特殊嘉宾专设的。因我不喜欢受人显扬，坐在马车上感觉很不自在。我乘坐的马拉花车在前头行，后面跟随着一列游行车队。

然而，有些人蓄意亵渎和毁谤我以名誉大会主席的身份参与这次活动。洛杉矶侨民协会召开理事会，发表谴责声明于报刊传媒，要通过法律渠道应对那些散布谣言，毁谤名誉大会主席的行径。神出人意料地通过祂所预备的人们，摧毁了撒但的诡计。

（后续）

www.ingramcontent.com/pod-product-compliance
Lightning Source LLC
LaVergne TN
LVHW041752060526
838201LV00046B/973